10
18
12, AVENUE D'ITALIE. PARIS XIIIe

Sur l'auteur

Noam Chomsky est un linguiste éminent, auteur et philosophe politique radical de réputation internationale. Il est aujourd'hui professeur de linguistique au MIT (Massachusetts Institute of Technology). Il est l'auteur de nombreux ouvrages parmi lesquels *De la propagande*, *Le Profit avant l'homme*, *Dominer le monde ou sauver la planète ?*, *La Doctrine des bonnes intentions*, *Les États manqués* (Fayard, 2007).

NOAM CHOMSKY

LA DOCTRINE DES BONNES INTENTIONS

Entretiens avec David Barsamian

Traduit de l'américain
par Paul CHEMLA

10/18

« Fait et cause »

FAYARD

Du même auteur
aux Éditions 10/18

DE LA PROPAGANDE, n° 3595
LE PROFIT AVANT L'HOMME, n° 3694
DOMINER LE MONDE OU SAUVER LA PLANÈTE ?, n° 3855
▶ LA DOCTRINE DES BONNES INTENTIONS, n° 4054

Titre original :
Imperial Ambitions
(Édité par Metropolitan Books)

ISBN 978-2-264-04509-6

Introduction

« Comment ça se passe, une interview avec Noam Chomsky ? » La question m'est souvent posée et, depuis plus de vingt ans que je travaille avec lui, j'ai appris certaines choses. D'abord, il faut se préparer, classer ses questions par ordre de priorité. Ensuite, bien écouter, parce qu'on ne sait jamais quel tour va prendre la conversation.

Sous la voix douce de Chomsky coule un torrent de connaissances et d'analyses. Pour distiller et synthétiser cette masse énorme d'informations, sa puissance est extraordinaire. Rien ne lui échappe. Dans un de nos entretiens, il a parlé d'un avion de ligne iranien abattu en 1988 par l'USS *Vincennes*. J'ai été sidéré d'apprendre que sa source était *Proceedings*, la revue de l'US Naval Institute.

J'ai inauguré l'émission *Alternative Radio* par une série d'interviews de Chomsky en 1986. Depuis, nous n'avons jamais cessé le dialogue. J'ai réalisé la plupart des entretiens de ce recueil dans son bureau au MIT, sans lui communiquer les questions à l'avance. Pour cet ouvrage, nous avons relu et corrigé les transcriptions, développé nos discussions et ajouté des notes.

Donc, comment ça se passe, une interview avec Chomsky ? On est en présence de quelqu'un qui soutient énergiquement que ce n'est pas si compliqué de comprendre la vérité ou de savoir ce qu'il faut faire ; il définit et incarne ce que doit être un intellectuel ; il fustige ceux qui, s'inclinant devant le pouvoir, dénoncent les autres tout en esquivant leurs responsabilités.

Chomsky fixe le cap et décrit la topographie. À nous de naviguer, d'explorer. J'espère que ces conversations seront une étincelle qui fera réfléchir, discuter, et surtout militer.

Je remercie particulièrement Anthony Arnove, camarade, ami et éditeur par excellence ; Sara Bershtel, directrice de maison d'édition et éditrice parfaite ; Elaine Bernard, pour sa générosité ; Greg Gigg, pour ses suggestions ; la radio locale KGNU ; David Peterson, Chris Peterson et Dale Wertz, pour leur travail d'assistants de recherche ; Bev Stohl, pour avoir satisfait mes nombreuses requêtes ; Martin Voelker, pour son soutien technique et son amitié ; et Noam Chomsky, pour sa solidarité, sa patience et son très grand sens de l'humour.

Des passages de certaines de ces interviews ont paru sous diverses formes dans les revues *International Socialist Review*, *Monthly Review*, *The Progressive*, *The Sun* et *Z*.

DAVID BARSAMIAN,
Boulder, Colorado, juillet 2005.

1.

Ambitions impériales

Cambridge, Massachusetts (22 mars 2003)

Quelles sont les conséquences régionales de l'invasion et de l'occupation de l'Irak par les États-Unis ?

Ce n'est pas seulement la région, c'est le monde entier, je crois, qui perçoit à juste titre l'invasion américaine comme une tentative de faire un exemple, d'instaurer une nouvelle norme du recours à la force. Cette nouvelle norme, la Maison-Blanche en a formulé les grandes lignes en septembre 2002, quand elle a rendu publique la Stratégie de sécurité nationale des États-Unis d'Amérique[1]. Ce texte avançait une doctrine assez neuve, et d'un extrémisme inhabituel, sur l'usage de la puissance militaire dans le monde, et si la campagne pour la guerre en Irak a coïncidé avec sa publication, ce n'est pas par hasard.

Ce n'était pas une doctrine de la *première frappe avant l'agression*, de la guerre « préemptive » – que l'on peut juger compatible avec une interprétation large de la Charte des Nations unies –, mais d'une pratique qui n'a pas le moindre début de fondement en droit international : la guerre « préventive ». En clair, les États-Unis domineront le monde par la force et, si le moindre défi à leur mainmise apparaît – aperçu très loin, inventé, imaginé ou autre –, ils auront le droit de le détruire avant qu'il ne se transforme en menace. Cela, c'est la guerre « préventive », pas « préemptive ».

Pour instaurer une nouvelle norme, il faut des actes. En établir une n'est pas à la portée de n'importe quel État, c'est évident. Si l'Inde envahit le Pakistan pour mettre un terme à des atrocités monstrueuses, elle ne crée pas de norme. Mais si les États-Unis bombardent la Serbie pour des motifs douteux, ils créent une norme. C'est cela, la puissance !

Le moyen le plus simple d'instaurer une nouvelle norme, comme le droit à la guerre préventive, c'est de choisir une cible absolument sans défense, facile à anéantir pour la puissance militaire la plus massive de l'histoire de l'humanité. Mais pour que tout cela soit crédible, du moins aux yeux de votre propre population, il faut lui faire peur. La cible sans défense doit lui être présentée comme une effroyable menace pour sa survie, responsable du 11 septembre et sur le point d'attaquer à nouveau, etc. C'est bien ce qui s'est passé dans le cas de l'Irak. Ce fut un exploit vraiment spectaculaire, qui sans nul doute restera dans l'histoire, cet effort massif de Washington pour convaincre les Américains, seuls de toute la planète, que Saddam Hussein n'était pas seulement un monstre mais aussi une menace pour leur existence même. Et il a extraordinairement réussi. La moitié de la population américaine croit fermement que Saddam Hussein était « impliqué personnellement » dans les attentats du 11 septembre 2001[2].

Donc, tout concorde. La doctrine est énoncée, la norme est instaurée dans un cas très simple, la population est précipitée dans la panique et, seule au monde, croit à des menaces fantasmatiques contre son existence, donc est prête à soutenir une intervention militaire parce qu'elle se pense en situation de légitime défense. Si vous croyez à tout cela, c'est vraiment de la légitime défense d'envahir l'Irak – bien qu'en réalité cette guerre soit une agression typique, dont l'objectif est d'étendre le champ de possibilité des futures agressions. Une fois réglé le cas facile, on pourra passer à d'autres, plus compliqués.

L'opposition à la guerre est massive dans une grande partie du monde parce que chacun comprend qu'il ne s'agit pas seulement, en l'affaire, d'attaquer l'Irak. Beaucoup, et ils ont raison, perçoivent cette guerre exactement comme elle a été voulue, une façon de leur signifier fermement :

« Vous feriez mieux de marcher droit ou vous pourriez être la prochaine cible. » Voilà pourquoi les États-Unis sont à présent considérés comme la plus grande menace à la paix du monde par un grand nombre de gens, probablement l'immense majorité de la population de la planète. En un an, George Bush a réussi à faire des États-Unis un pays qui fait très peur, que l'on n'aime pas, que l'on hait, même[3].

Au Forum social mondial de Porto Alegre (Brésil), en février 2003, vous avez qualifié Bush et son entourage de « nationalistes radicaux » pratiquant « la violence impérialiste »[4]. Le régime au pouvoir à Washington est-il si différent des précédents ?

Il est utile de le mettre en perspective historique. Allons à l'autre bout de l'éventail politique, aussi loin que l'on pourra ou presque : chez les libéraux de Kennedy. En 1963, ils ont annoncé une doctrine qui n'est pas si différente de la Stratégie de sécurité nationale de Bush. S'exprimant devant la Société américaine de droit international, Dean Acheson, vieil homme d'État très respecté et conseiller écouté de l'administration Kennedy, a déclaré qu'aucun « problème juridique » ne se pose quand les États-Unis répondent à un défi lancé à leur « pouvoir », à leur « position » et à leur « prestige »[5]. Le moment où il a tenu ces propos est tout à fait significatif. C'était peu après la crise des missiles de Cuba de 1962, qui a pratiquement conduit le monde au bord de la guerre nucléaire. Cette crise était essentiellement la conséquence d'une vaste campagne de terrorisme international visant à renverser Castro – ce que nous appelons aujourd'hui *changement de régime* : elle avait incité Cuba à installer sur son territoire des missiles russes pour se défendre.

Acheson a soutenu que, pour répondre à un simple défi relatif à notre position et à notre prestige, les États-Unis avaient le droit de guerre préventive même hors de toute menace contre notre existence. Sa formulation est encore plus extrémiste que la doctrine Bush. En revanche, pour rétablir la perspective, c'était une phrase prononcée par Dean Acheson devant la Société américaine de droit international, ce n'était pas une position politique officielle. Le document de Stratégie de sécurité nationale est la déclaration solennelle d'une politique, pas seulement un propos tenu par un haut responsable – et il est d'une impudence sans précédent.

« Pas de sang pour le pétrole ! » Nous avons tous entendu ce mot d'ordre dans les manifestations pour la paix. Beaucoup pensent que le pétrole est la grande raison de l'invasion et de l'occupation de l'Irak. Est-il vraiment crucial dans la stratégie des États-Unis ?

Il l'est, incontestablement. Je ne crois pas qu'il y ait un esprit sensé pour en douter. Le Golfe est la principale région productrice d'énergie du monde depuis la Seconde Guerre mondiale, et devrait le rester au moins pour une génération. Le golfe Persique est une énorme source de puissance stratégique et de richesse matérielle. Et l'Irak est au cœur même de tout cela. Il a les secondes réserves pétrolières du monde, et le pétrole irakien est très facile d'accès, et bon marché. Tenir l'Irak, c'est être en excellente posture pour déterminer le niveau des prix et de la production (pas trop haut, pas trop bas), afin de miner l'OPEP (l'Organisation des pays exportateurs de pétrole) et de peser lourd dans le monde entier. Il ne s'agit pas particulièrement ici d'avoir *accès* au pétrole pour l'importer aux États-Unis. Il s'agit d'avoir le *contrôle* du pétrole.

Si l'Irak se trouvait en Afrique centrale, il n'aurait pas été choisi pour tester la nouvelle doctrine du recours à la force. Mais cela n'explique pas le choix du moment de l'opération actuelle en Irak, car contrôler le pétrole du Moyen-Orient est un objectif permanent.

Vous citez souvent un document du département d'État de 1945 qui définit le pétrole d'Arabie Saoudite comme « une source prodigieuse de puissance stratégique et l'un des plus gros butins matériels de l'histoire du monde[6] *». Les États-Unis importent une partie importante de leur pétrole, environ 15 %, du Venezuela*[7]*. Ils importent aussi du pétrole de Colombie et du Nigeria. Or, du point de vue de Washington, ces trois États sont aujourd'hui un peu problématiques : Hugo Chávez au pouvoir au Venezuela, une vraie guerre civile en Colombie, des soulè-*

vements et des grèves au Nigeria. Que pensez-vous de ces facteurs-là ?

Qu'ils sont tous au cœur du sujet. Les régions que vous citez sont celles où les États-Unis veulent vraiment avoir accès au pétrole. Au Moyen-Orient, ils veulent le contrôler. Mais, à en croire du moins les prévisions des services de renseignement, Washington a l'intention de fonder son approvisionnement sur une base jugée plus stable : les ressources du bassin de l'Atlantique, c'est-à-dire l'Afrique occidentale et le continent américain. La mainmise des États-Unis y est plus complète qu'au Moyen-Orient, qui est une région difficile. Les perturbations de tout ordre dans ces zones privilégiées constituent donc de graves menaces. Par conséquent, un nouvel épisode du type Irak est fort probable, notamment si l'occupation se passe comme l'espèrent les experts civils du Pentagone. Si c'est une victoire facile, sans trop de combats, et si les États-Unis parviennent à instaurer un nouveau régime qu'ils baptiseront « démocratie », cela les encouragera à entreprendre l'intervention suivante.

Plusieurs possibilités sont envisageables. L'une d'entre elles est la région andine. L'armée américaine a aujourd'hui des bases et des soldats dans toute la cordillère des Andes. La Colombie et le Venezuela, particulièrement le Venezuela, sont deux importants producteurs de pétrole, et il y en a aussi en Équateur et au Brésil. Une autre cible possible est l'Iran.

L'Iran ? Nul autre qu'Ariel Sharon – l'« homme de paix », comme dit Bush – n'a conseillé à l'administration américaine, quand elle en aurait fini avec l'Irak, de s'occuper de l'Iran « dès le lendemain »[8]. *Comment voyez-vous l'Iran, cet État officiellement classé dans l'« axe du mal », et aussi doté d'importantes réserves de pétrole ?*

L'Irak n'a jamais posé un gros problème aux Israéliens. Ils voient en lui un adversaire facile à vaincre. L'Iran, c'est autre chose. C'est une force militaire et économique beaucoup plus sérieuse. Cela fait des années qu'Israël incite les États-Unis à s'en occuper. L'Iran est trop gros pour les Israéliens, et ils veulent que les « grands » règlent le problème.

Il est tout à fait possible que cette guerre soit déjà en route. Il y a un an, on a appris que plus de 10 % de l'aviation israélienne était stationnée en permanence en Turquie orientale – dans les immenses bases militaires américaines de la région – et menait des vols de reconnaissance de l'autre côté de la frontière iranienne. De plus, des rapports crédibles indiquent que les États-Unis, la Turquie et Israël tentent de pousser à l'action des forces nationalistes azéries dans le nord de l'Iran[9]. Autant dire que la pression d'un axe américano-turco-israélien contre l'Iran dans la région pourrait finir par conduire à l'éclatement du pays, et peut-être même à une attaque militaire. Mais cette attaque n'aura lieu que si les agresseurs pensent l'Iran sans défense. Ils n'envahiront aucun pays qu'ils estiment capable de rendre les coups.

Avec les forces américaines en Afghanistan et en Irak, et les bases en Turquie, l'Iran est encerclé. Les États-Unis ont aussi des troupes et des bases au Nord, dans toute l'Asie centrale. Cela ne va-t-il pas inciter l'Iran à mettre au point des armes nucléaires, s'il n'en a pas déjà, en légitime défense ?

Très probablement. Et les quelques données sérieuses dont nous disposons indiquent que le bombardement par Israël du réacteur irakien Osirak en 1981 a stimulé, et peut-être suscité, le programme irakien de développement d'armes nucléaires.

N'avait-il pas déjà commencé ?

Ils étaient en train de construire une centrale nucléaire, mais personne ne connaissait sa capacité. Il y a eu, après le bombardement, une enquête sur place, effectuée par un éminent physicien nucléaire de Harvard, Richard Wilson. Je crois qu'il dirigeait à l'époque le département de physique de l'université Harvard. Wilson a publié son analyse dans une des plus grandes revues scientifiques, *Nature*[10]. C'est un spécialiste du sujet et, selon lui, Osirak était une centrale électrique. D'autres sources – des exilés irakiens – ont confirmé qu'il ne s'y passait pas grand-chose. Si les Irakiens envisageaient l'idée de l'arme nucléaire avant l'attaque, c'est le bombardement d'Osirak qui a stimulé le programme d'armement nucléaire [11]. On ne peut pas le prouver, mais c'est ce que suggèrent les éléments que nous avons.

Que signifient pour les Palestiniens la guerre et l'occupation de l'Irak ?

Il est intéressant d'y réfléchir. L'une des règles du journalisme veut que, lorsqu'on cite le nom de George Bush dans un article, le titre évoque sa « vision » et le texte parle de ses « rêves ». Peut-être y aura-t-il, immédiatement à droite, une photographie montrant son regard perdu à l'horizon. C'est devenu une convention journalistique. Dans un article de fond du *Wall Street Journal* d'hier, les mots « vision » et « rêve » reviennent une dizaine de fois [12].

L'un des rêves de George Bush est de créer un État palestinien, on ne sait où, on ne sait quand, dans un cadre non précisé – le désert saoudien, peut-être. Et nous sommes censés nous extasier, parler de vision magnifique. Mais tout ce discours sur la vision de Bush et son rêve d'État palestinien ignore superbement un simple fait : les États-Unis doivent cesser de saboter les efforts constants du reste du monde, pratiquement sans exception, pour parvenir à une forme de règlement politique viable. Cela fait vingt-cinq ou trente ans que les États-Unis bloquent toute solution de ce genre. L'administration Bush est allée encore plus loin que les autres dans cette obstruction, parfois par des décisions si extrémistes qu'elles n'ont pas été rendues publiques. Par exemple, en décembre 2002, l'administration Bush a inversé la position des États-Unis sur Jérusalem. En théorie au moins, les États-Unis avaient jusque-là respecté la résolution du Conseil de sécurité de 1968, qui enjoignait à Israël de renoncer à son entreprise d'annexion, d'occupation et de colonisation à Jérusalem-Est. Mais l'administration Bush a changé radicalement d'orientation[13]. Ce n'est que l'une des nombreuses mesures conçues pour saper la possibilité même de tout règlement politique sérieux.

À la mi-mars 2002, Bush a fait, paraît-il, sa « première déclaration majeure » sur le Moyen-Orient. Les gros titres l'ont présentée comme la première prise de position importante depuis des années, etc. Quand on lit le discours, on n'y trouve que les formules habituelles, sauf dans une phrase. Cette phrase unique, si on la regarde de près, dit ceci : « Lorsqu'on aura progressé vers la paix, l'activité de colonisation dans les Territoires occupés devra cesser[14]. » Que veut-elle dire ? Que, tant que le processus de paix n'aura pas atteint le point où Bush l'avalise – lequel se situe peut-être infiniment loin dans l'avenir –, Israël peut continuer à construire des colonies. Cela aussi, c'est un changement de politique. Jusqu'à maintenant, officiellement du moins, les États-Unis étaient opposés à l'expansion des programmes de colonisation illégaux qui rendent impossible un règlement politique. Aujourd'hui, Bush dit le contraire : allez-y, colonisez, nous continuerons à tout financer jusqu'au moment où nous déciderons que le processus de paix a atteint le stade adéquat. C'est un important changement, dans le sens de l'aggravation de l'agression, de la violation du droit international et du sabotage des perspectives de paix.

Le mouvement public de protestation et de résistance contre la guerre d'Irak a pris une ampleur que vous avez qualifiée de « sans précédent[15] *». Jamais on n'avait vu une telle opposition à une guerre avant qu'elle ne commence. Dans quel sens va se diriger cette résistance, aux États-Unis et dans le monde ?*

Je ne connais aucun moyen de prédire les choses humaines. Elle ira dans le sens que décideront les gens. De nombreux scénarios sont possibles. Peut-être va-t-elle s'intensifier. Les tâches sont à présent bien plus importantes et sérieuses qu'avant. D'un autre côté, c'est plus dur. Il est psychologiquement plus facile de s'organiser pour protester contre une agression militaire que pour s'opposer à un programme à long terme d'ambition impériale, dont cette agression ne constitue qu'une phase, que d'autres vont suivre. Cela exige plus de réflexion, de dévouement, d'engagement à long terme. C'est la différence entre se dire : « Demain je manifeste et je rentre chez moi » et : « Je suis dans cette affaire-là pour longtemps. » Ce sont des choix personnels à faire. C'était vrai aussi de ceux qui ont participé au mouvement des droits civiques, au mouvement féministe et à toutes les autres luttes.

Que dites-vous des menaces et intimidations contre les dissidents ici aux États-Unis, qui incluent des rafles au hasard d'immigrants et de résidents à carte verte – et aussi de citoyens américains, d'ailleurs ?

Nous devons absolument nous en occuper. Le gouvernement actuel a revendiqué des droits qui n'ont aucun précédent, dont celui d'arrêter des citoyens et de les détenir en leur interdisant tout contact avec leur famille ou avec des avocats – et cela indéfiniment, sans les accuser de rien[16]. Il est certain que les immigrants et autres personnes vulnérables doivent être prudents. En revanche, pour les gens comme nous, citoyens qui avons quelques privilèges, les menaces, même si elles existent, sont si légères comparées à ce que l'on risque dans la plupart des pays de la planète qu'il est difficile de s'en alarmer beaucoup. Je rentre de deux voyages en Turquie et en Colombie et, au regard des menaces auxquelles leurs populations sont confrontées, nous sommes au paradis. En Colombie, en Turquie, on appréhende la répression, bien sûr, mais on ne baisse pas les bras pour autant.

Pensez-vous que l'Europe ou l'Asie orientale feront un jour contrepoids à la puissance américaine ?

Il est certain que l'Europe et l'Asie sont des forces économiques de même calibre, en gros, que l'Amérique du Nord, et qu'elles ont leurs intérêts propres, qui ne consistent pas à suivre à la lettre les ordres des États-Unis. Bien sûr, les trois régions sont étroitement liées. Les milieux d'affaires en Europe, aux États-Unis et dans la plupart des pays d'Asie entretiennent des relations de toutes sortes et ont des intérêts communs ; mais ils ont aussi des intérêts divergents, d'où des problèmes qui ne datent pas d'hier, en particulier avec l'Europe.

Les États-Unis ont toujours eu une attitude ambiguë envers l'Europe. Ils voulaient qu'elle s'unifie pour offrir un marché plus efficace aux entreprises américaines, en permettant de grandes économies d'échelle ; mais ils ont toujours eu peur qu'elle ne leur échappe en prenant un autre chemin. À bien des égards, l'entrée des pays de l'Est dans l'Union européenne est liée à cette situation. Les États-Unis y sont très favorables, car ils espèrent que ces pays seront plus perméables à leur influence et parviendront à miner le noyau dur de l'Europe, c'est-à-dire la France et l'Allemagne, grands pays industriels qui pourraient évoluer vers un peu plus d'indépendance.

Il y a également, en arrière-plan, une vieille haine américaine du système social européen, qui assure des rémunérations, conditions de travail et prestations sociales décentes. Les États-Unis sont opposés à l'existence de ce modèle, parce qu'il est dangereux. Il risque de donner aux gens de drôles d'idées. Or on voit bien que l'adhésion à l'Union européenne des pays de l'Est, avec leurs économies fondées sur les bas salaires et la répression antisyndicale, peut aider à fragiliser les normes sociales d'Europe occidentale. Ce serait un gros succès pour les États-Unis.

L'économie américaine faiblit, de nouvelles vagues de licenciements se profilent à l'horizon. Dans ces conditions, comment Bush et son équipe pourront-ils maintenir ce que certains appellent un « État de garnisons », faisant la guerre en permanence et occupant de nombreux pays ? Comment vont-ils y arriver ?

Ils n'ont besoin d'y arriver que pour six ans. À ce moment-là, ils espèrent avoir institutionnalisé aux États-Unis toute une série de programmes très réactionnaires. Ils auront mis l'économie dans une situation très grave, avec d'énormes déficits, etc., comme ils l'ont fait dans les années 1980. Après quoi ils laisseront le problème à d'autres. Dans l'intervalle, ils auront compromis les programmes sociaux et rétréci la démocratie – qu'ils détestent, bien sûr – en transférant les décisions de l'espace public à des groupes privés. À l'intérieur, l'héritage qu'ils laisseront sera pénible, douloureux, mais seulement pour la majorité de la population. Les gens dont ils se soucient vont s'en mettre plein les poches, exactement comme pendant les années Reagan. Après tout, les détenteurs du pouvoir aujourd'hui sont souvent les mêmes.

Sur le plan international, ils comptent bien avoir institutionnalisé leur doctrine de domination impériale par la force et les guerres préventives ciblées. En matière de forces armées et de dépenses militaires, les États-Unis dépassent probablement le reste du monde réuni, et ils s'orientent actuellement dans des directions extrêmement dangereuses, dont la militarisation de l'espace. Ils postulent, je suppose, que, quoi qu'il arrive à l'économie, la puissance militaire des États-Unis sera si écrasante qu'il faudra bien qu'on leur obéisse.

Qu'avez-vous à dire aux militants pacifistes des États-Unis, qui se sont beaucoup dépensés pour empêcher l'invasion de l'Irak et qui sont maintenant furieux contre leur gouvernement, et désespérés, parce qu'elle a eu lieu ?

Qu'il faut être réaliste. Prenez l'abolitionnisme. Combien de temps le mouvement contre l'esclavage a-t-il dû lutter avant d'avoir le moindre impact ? Abandonner la partie chaque fois que l'on n'atteint pas son objectif immédiat, c'est garantir que le pire se réalisera. Ce sont des luttes prolongées, acharnées. En réalité, ce qui s'est passé depuis deux mois doit être vu très positivement. On a jeté les bases de l'expansion et du développement d'un mouvement pour la paix et la justice qui va pouvoir entreprendre des tâches autrement ardues. C'est ainsi que les choses se passent. On ne peut s'attendre à une victoire facile après une seule grande manifestation.

2.

Langage collatéral

Boulder, Colorado (5 avril 2003)

Ces dernières années, le Pentagone puis les médias ont adopté l'expression « dégâts collatéraux » pour parler des victimes civiles. Quel rôle joue le langage pour orienter la compréhension des événements ?

Il n'a pas grand-chose à voir avec elle. Le langage est notre moyen d'entrer en interaction et de communiquer ; il est donc naturel qu'on l'utilise pour tenter de modeler les états d'esprit et les opinions et d'induire le conformisme et la subordination. Il en a toujours été ainsi. Mais la propagande n'est devenue une industrie organisée et parfaitement consciente d'elle-même qu'au siècle dernier.

Cette industrie, notons-le, a été créée dans les sociétés les plus démocratiques. Le premier ministère coordonnant la propagande, nommé « ministère de l'Information », a été inauguré en Grande-Bretagne pendant la Première Guerre mondiale. Sa « tâche » consistait – ce sont ses propres termes – à « diriger la pensée de la plus grande partie du monde »[1]. Ce qui intéressait surtout le ministère était l'esprit de l'Amérique, et en particulier celui des intellectuels américains. La Grande-Bretagne avait besoin du soutien des États-Unis pour faire la guerre, et les stratèges du ministère pensaient pouvoir convaincre l'intelligentsia américaine de la noblesse de l'effort de guerre britannique. Alors, ces intellectuels réussiraient à susciter dans la population des États-Unis, fondamentalement pacifiste – elle ne voulait absolument pas être mêlée aux conflits européens, et avec raison –, une poussée de fièvre hystérique qui inciterait le pays à entrer en guerre. La propagande du ministère visait donc essentiellement à influencer l'opinion américaine. L'administration Wilson a réagi en créant la première agence de propagande d'État dans ce pays, le Committee on Public Information. Tout cela est déjà très orwellien, bien sûr.

Le plan britannique a brillamment réussi, en particulier auprès des intellectuels américains libéraux. Des membres du cercle de John Dewey, par exemple, ont déclaré avec fierté que pour la première fois dans l'histoire, selon eux, la ferveur guerrière avait été créée non par des généraux et des politiciens, mais par les éléments les plus sérieux et responsables de la communauté – les intellectuels pondérés. De fait, la campagne de propagande a réussi en quelques mois à transformer une population plutôt pacifiste en ramassis de germanophobes fous furieux, fanatisés. Le pays a été précipité dans l'hystérie. On en est arrivé au point où le Boston Symphony Orchestra ne pouvait plus jouer du Bach.

Wilson avait gagné l'élection de 1916 grâce au slogan : « Paix sans victoire ». Mais, en un mois ou deux, il a fait des États-Unis un pays de va-t-en-guerre avides de détruire tout ce qui était allemand. Parmi les membres de l'agence de propagande de Wilson, il y avait des gens comme Edward Bernays, qui est devenu le gourou de l'industrie des relations publiques, et Walter Lippmann, grande figure d'intellectuel engagé dans la vie publique du XXe siècle. Leur travail ultérieur s'est inspiré explicitement de leur expérience pendant la Première Guerre mondiale. Dans leurs écrits publiés à partir des années 1920, ils ont dit ce qu'ils avaient appris : qu'il était possible de contrôler l'« esprit public », de contrôler les mentalités et les opinions, et, pour citer la formule de Lippmann, de « fabriquer le consentement ». Selon Bernays, les membres les plus intelligents de la communauté pouvaient diriger la population par cette « ingénierie du consentement » qui lui paraissait « l'essence même du processus démocratique »[2].

Il est intéressant de réexaminer les années 1920,

qui ont vu les vrais débuts de l'industrie des relations publiques. Dans l'industrie, c'était l'époque du taylorisme : les ouvriers étaient formés à devenir des robots, et chaque mouvement était contrôlé et régulé. Le taylorisme a créé une industrie extrêmement efficace en transformant les êtres humains en automates. Il a beaucoup impressionné les bolcheviks, qui ont essayé de le reproduire – comme tant d'autres dans le monde entier. Mais les experts du contrôle de la pensée ont vite compris qu'ils pouvaient avoir non seulement le « contrôle au travail », comme ils disaient, mais aussi le « contrôle hors travail »[3]. C'est une magnifique formulation. Le « contrôle hors travail » revient à transformer les gens en robots dans tous les domaines de leur existence, en leur inspirant une « philosophie de la futilité », en concentrant leur attention « sur les choses les plus superficielles, comme une consommation dictée par la mode »[4]. Laissons ceux qui mènent le bal le mener sans interférence de la masse de la population, qui n'a pas à se mêler de la vie publique. Cette idée-force a engendré des industries gigantesques, de la publicité aux universités, toutes fermement convaincues qu'il faut contrôler les mentalités et les opinions, car, si on ne le fait pas, les gens sont vraiment trop dangereux.

Cette vision de la population a d'ailleurs de bonnes sources constitutionnelles. La fondation même du pays a eu lieu sur la base du principe madisonien selon lequel les gens sont vraiment trop dangereux : le pouvoir doit être exercé par « la richesse de la nation », comme disait Madison – ceux qui respectent la propriété et ses droits, et qui sont prêts à « protéger la minorité des opulents contre la majorité », qu'il faut d'une manière ou d'une autre diviser[5].

Il est parfaitement logique que l'industrie des relations publiques se soit développée dans les sociétés démocratiques. Si l'on peut dominer les gens par la force, ce n'est pas si important de contrôler ce qu'ils pensent et ce qu'ils ressentent. Mais si l'on n'a plus les moyens de les dominer par la force, il devient nécessaire de contrôler leur mentalité et leurs opinions.

Aujourd'hui, ce contrôle est exercé moins par l'État que par les grandes compagnies. L'administration Reagan avait créé un Bureau de la diplomatie publique. Mais à cette date l'opinion n'était plus disposée à accepter des institutions de propagande d'État, et ce Bureau de la diplomatie publique a été déclaré illégal. L'État a donc été contraint de recourir à des moyens plus détournés pour fabriquer le consentement. À présent, ce sont des dictatures privées – de grandes entreprises – qui jouent le rôle de contrôleurs des opinions et des esprits. Ces sociétés ne reçoivent pas d'ordres de l'État, mais elles lui sont étroitement liées, bien sûr. Et nul besoin de multiplier les hypothèses sur ce qu'elles font : elles ont l'amabilité de nous le dire, dans leurs publications professionnelles ou dans des revues scientifiques.

En 1933, par exemple, l'universitaire wilsonien

libéral et progressiste Harold Lasswell, fondateur d'une bonne partie de la science politique moderne, a rédigé l'article de l'*Encyclopedia of the Social Sciences* intitulé « Propagande »[6]. On employait ouvertement le mot à l'époque, il n'était pas encore associé aux nazis. Aujourd'hui, on recourt à divers euphémismes. Le message de Lasswell était clair : nous ne devons pas succomber au « dogmatisme démocratique qui prétend que les hommes sont les meilleurs juges de leurs intérêts ». Ils ne le sont pas, ce sont les élites. Puisque les gens sont trop stupides et ignorants pour comprendre leurs intérêts véritables, nous avons le devoir – parce que nous sommes animés d'un profond souci humanitaire – de les marginaliser et de les contrôler, pour leur bien. Et le meilleur moyen de le faire, c'est par la propagande. Il n'y a rien de négatif dans la propagande, expliquait Lasswell. Elle est aussi neutre qu'une poignée de pompe. Elle peut servir au bien comme au mal. Et puisque nous sommes des esprits nobles, des gens merveilleux, nous allons l'utiliser pour le bien, pour garantir que les masses ignorantes et stupides resteront marginalisées, n'auront aucune capacité de décision. Je ne parle pas ici de la droite. Il s'agit des intellectuels libéraux progressistes.

On trouve à peu près la même pensée, d'ailleurs, dans les théories léninistes. Les nazis aussi ont repris ces idées. Si on lit *Mein Kampf*, on voit à quel point Hitler était impressionné par la propagande anglo-américaine. Il soutenait, non sans raison, que c'était elle qui avait gagné la Première Guerre mondiale, et jurait que la prochaine fois les Allemands seraient prêts aussi – qu'ils auraient leur propre système de propagande, modelé sur celui des démocraties. Depuis, bien d'autres s'y sont essayés. Mais les États-Unis restent à la pointe, parce qu'ils ont la société la plus libre et la plus démocratique, où il est donc beaucoup plus important de contrôler les mentalités et les opinions.

De la propagande d'alors, et de ses origines, peut-on sauter d'un bond à l'actualité, à l'opération dite « Liberté pour l'Irak » ?

C'est dans le *New York Times* de ce matin. Il y a un intéressant article sur Karl Rove, le *manager* du président, qui lui explique ce qu'il doit dire et faire – son *minder* *, comme on dirait en Irak[7]. Rove ne participe pas directement à la planification de la guerre, et Bush non plus. La tâche incombe à d'autres. Sa mission, dit-il, est « de modeler l'image de M. Bush en chef de guerre, et de préparer sa campagne de réélection, qui commencera dès que la guerre aura pris fin », afin que les Républicains puissent mettre en œuvre leur programme intérieur. C'est-à-dire les réductions d'impôts – « bonnes pour

* Dans l'Irak d'avant guerre, le *minder* était le « guide » qui accompagnait les journalistes étrangers : un fonctionnaire du ministère de l'Information, chargé de faciliter leurs prises de contact et présent lors des interviews [*NdT*].

l'économie », disent-ils, mais comprenons « bonnes pour les riches » – et d'autres mesures prises dans l'intérêt d'une toute petite couche d'ultrariches et privilégiés, et qui auront un impact nocif sur la masse de la population.

Il y a encore plus important que ces objectifs à court terme, bien que l'article du *New York Times* n'en dise rien : le long effort pour détruire la base institutionnelle des systèmes de soutien social, pour éliminer des programmes comme la Social Security – la caisse de retraites publique –, qui reposent sur le principe : nous devons nous soucier un tant soit peu les uns des autres. Cette idée-là – nous devons compatir, nous montrer solidaires, nous demander si la veuve handicapée qui vit à l'autre bout de la ville a bien de quoi manger –, il faut la chasser des esprits. C'est une composante essentielle du programme intérieur, à bien distinguer d'un simple transfert de richesse et de pouvoir vers des couches sociales toujours plus réduites.

Et le moyen de réaliser tout cela – car sinon la population ne l'acceptera pas –, c'est de faire peur. Si les gens ont peur, s'ils croient leur sécurité menacée, ils se tourneront vers des hommes forts. Ils feront confiance aux Républicains pour les protéger de l'ennemi, donc refouleront leurs propres préoccupations, leurs propres intérêts. Alors les Républicains pourront faire voter leur programme intérieur, et peut-être même l'institutionnaliser, ce qui rendra très difficile de l'abroger plus tard. Donc, d'abord ils effraient les gens, puis ils présentent le président en puissant chef de guerre qui réussit à vaincre cet atroce ennemi – choisi précisément parce qu'on peut l'écraser en un rien de temps.

L'Irak ?

Oui, l'Irak ! Cela a été dit tout à fait clairement – et l'objectif est la prochaine présidentielle. C'est un facteur important dans cette guerre.

Manifestement, il y a un gouffre entre la position de l'opinion publique sur la guerre aux États-Unis et, littéralement, dans le reste du monde. L'attribuez-vous à la propagande ?

C'est incontestable. On peut tout retracer avec précision. La campagne sur l'Irak a commencé en septembre 2002. C'est si évident que l'analyse a été faite même dans la grande presse. L'expert politique principal de United Press International, Martin Sieff, a écrit un long article où il explique comment on a procédé[8]. Les tambours de guerre ont commencé à battre en septembre, juste à l'ouverture de la campagne électorale des législatives de mi-mandat. Cette propagande belliciste a eu deux thèmes permanents. Le premier : l'Irak constitue une menace imminente pour la sécurité des États-Unis ; nous devons l'arrêter aujourd'hui ou il nous détruira demain. Le second : l'Irak était derrière le 11 septembre. Personne ne l'a dit explicitement, tout le monde a procédé par insinuations, en laissant entendre que l'Irak était responsable des attentats. Puis on a dit que l'Irak préparait de nouvelles atrocités. Nous sommes vraiment en danger, donc nous devons les arrêter immédiatement.

Regardez les sondages. Ils ont été le reflet direct de la propagande. Juste après le 11 septembre, le pourcentage de la population américaine qui pensait que l'Irak y avait pris part représentait, je crois, 3 %. Aujourd'hui, environ la moitié des Américains, peut-être plus, sont persuadés que l'Irak a été à l'origine des attentats du 11 septembre. Depuis septembre 2002, environ 60 % de la population croit que l'Irak menace notre sécurité. Ces opinions sont étroitement corrélées avec le soutien à la guerre[9]. Si l'on est convaincu que l'Irak est une menace immédiate pour notre sécurité, qu'il a été responsable des atrocités du 11 septembre et qu'il en prépare de nouvelles, il est logique de conclure que nous devons entrer en guerre pour l'arrêter.

Dans le monde, personne d'autre ne croit un mot de tout cela. Aucun autre pays ne considère l'Irak comme une menace pour sa sécurité. Le Koweït et l'Iran, qui ont été tous deux envahis par l'Irak, ne le considèrent pas comme une menace. C'est ridicule. En raison des sanctions, qui ont tué des centaines de milliers de personnes, l'Irak est le pays économiquement et militairement le plus faible de la région[10]. Ses dépenses militaires représentent moins de la moitié de celles du Koweït (qui a 10 % de la population de l'Irak) et sont très inférieures à celles des autres pays du Moyen-Orient[11]. Et tout le monde sait dans la région, bien sûr, qu'il existe là-bas une superpuissance – en fait, une base militaire *offshore* des États-Unis – qui a des centaines d'armes nucléaires et des forces armées considérables : Israël. En fait, quand les États-Unis auront pris l'Irak, il est très probable qu'ils augmenteront ses forces militaires, et peut-être même développeront ses armes de destruction massive, simplement pour rétablir l'équilibre avec ses voisins.

Il n'y a qu'aux États-Unis que les gens ont peur de l'Irak. C'est un véritable exploit de la propagande. C'est intéressant que les États-Unis y soient si sensibles. Mais comparés aux autres, quelles qu'en soient les raisons, les États-Unis sont un pays très timoré. Ici, sur presque tous les problèmes la criminalité, l'immigration... –, la peur atteint un niveau totalement hors normes.

Et les dirigeants de Washington le savent très bien. Nombre d'entre eux ont déjà gouverné le pays pendant les années Reagan et la première administration Bush, et ils rejouent aujourd'hui le même scénario. Ils ont mis en œuvre en politique intérieure des mesures très régressives, dures pour la population et très impopulaires, et ils ont réussi à garder le pouvoir en appuyant tous les ans sur le bouton de la panique. Maintenant, ils refont le coup. Aux États-Unis, ce n'est pas compliqué.

En général, vous définissez tout de façon claire et distincte, et là vous postulez qu'il y a « quelque chose » dans la personnalité américaine qui se prête...

Dans la *culture.*

Qu'est-ce qui rend cette culture plus sensible à la propagande ?

Je n'ai pas dit qu'elle est plus sensible à la propagande. Elle est plus sensible à la peur. Nous vivons dans un pays qui a peur, et les raisons de cette situation – franchement, je ne les comprends pas – remontent probablement loin dans l'histoire des États-Unis.

Mais s'il y a la peur, la propagande devient assez facile à mettre en œuvre.

Certains types de propagande deviennent beaucoup plus faciles à mettre en œuvre. Quand mes enfants allaient à l'école, il y a quarante ans, pendant la guerre froide, on leur apprenait à se cacher sous leur bureau pour se protéger des bombes atomiques. Une remarque faite à l'époque par l'ambassadeur du Mexique mériterait d'être mieux connue. Le président Kennedy s'efforçait d'organiser le soutien du continent américain à ses agressions terroristes contre Cuba, qui étaient très dures. En général, les pays du continent américain doivent faire ce que disent les États-Unis s'ils ne veulent pas s'attirer de gros problèmes. Néanmoins, le Mexique a refusé de participer à la campagne contre Cuba. « Si nous déclarons publiquement que Cuba est une menace pour notre sécurité », a dit son ambassadeur, « 40 millions de Mexicains vont mourir de rire[12] ».

Aux États-Unis, on ne meurt pas de rire. On a peur de tout. Prenez la criminalité. Le taux des crimes et délits aux États-Unis est comparable à celui des autres sociétés industrielles – s'il se situe vers le haut de la fourchette, il ne jaillit pas hors du graphique –, mais la peur de la criminalité y est beaucoup plus forte que dans les autres pays. La toxicomanie est à peu près la même ici qu'ailleurs, mais pour la peur de la drogue c'est sans comparaison.

Ne pensez-vous pas que la culture médiatique y contribue : toutes ces émissions, tous ces films ?

Peut-être, mais il y a aussi un fond de peur qui est exploité. Il a probablement quelque chose à voir avec la conquête du continent, quand on devait exterminer la population indigène, et avec l'esclavage, quand il fallait contrôler une population jugée dangereuse, parce qu'on ne sait jamais si des esclaves ne vont pas se soulever. Et c'est peut-être aussi un effet secondaire de l'extraordinaire sécurité dont nous jouissons. La sécurité des États-Unis est sans équivalent. Ils contrôlent tout le continent ;

ils contrôlent les deux océans et l'autre rive des océans. La dernière fois qu'ils ont été menacés militairement, c'était pendant la guerre de 1812. Depuis, ils n'ont fait que conquérir les autres. Apparemment, cela crée la vague impression que quelqu'un va nous attaquer un jour, et le pays finit par avoir très peur.

Bush a donné une conférence de presse à une heure de grande écoute, sa première en un an et demi, le jeudi 6 mars 2003. C'était une conférence de presse rédigée à l'avance. Il savait à quel journaliste il allait donner la parole. Une étude de la transcription révèle la répétition constante de certaines expressions – Irak, Saddam Hussein, menace, menace croissante, grave menace, 11 septembre, terrorisme. Le lundi suivant, un chiffre est monté en flèche dans les sondages d'opinion aux États-Unis : la croyance à une implication de l'Irak dans les attentats du 11 septembre était devenue majoritaire.

Vous avez raison sur la montée en flèche, mais le vrai changement s'est produit en septembre 2002. C'est à ce moment-là que les résultats des sondages indiquent que l'on croit à la participation de l'Irak au 11 septembre. Mais il faut continuer à nourrir l'idée, sinon elle disparaîtra. Les affirmations de l'administration sont si extravagantes qu'on ne peut guère s'attendre à ce que les gens continuent à y croire si on ne les répète pas sans arrêt. C'est comme quand on vend des voitures. C'est ainsi qu'il faut procéder. Si l'on veut transformer les gens en consommateurs décervelés pour qu'ils ne gênent pas le travail quand on réorganise le monde, on doit les harceler depuis leur plus tendre enfance.

À quoi reconnaît-on la propagande ? Y a-t-il des techniques pour y résister ?

Il n'y a pas de technique, il n'y a que le bon sens. Toute personne saine d'esprit s'entendant dire que l'Irak menace notre existence même mais constatant que le Koweït ne semble pas s'en inquiéter, ni aucun autre pays du monde, dira d'emblée : qu'est-ce qui le prouve ? Dès que cette question est posée, tout s'écroule. Mais il faut être prêt à soumettre à examen critique ce qu'on vous dit. Bien entendu, tout le système scolaire et tout le système des médias ont l'objectif opposé : apprendre à suivre passivement et docilement. Si l'on ne rompt pas avec ces habitudes, on sera probablement victime de la propagande. Mais rompre n'est pas si difficile.

Le 1er mai 1985, Reagan a déclaré un état d'urgence national aux États-Unis, au motif que la sécurité du pays était menacée par le gouvernement du Nicaragua, qui se trouvait à deux jours de voiture de Harlingen, Texas, et préparait la conquête du continent. Lisez donc ce « décret de l'exécutif », qui a été renouvelé tous les ans pour stimuler le soutien à la guerre menée par les États-Unis au Nicaragua : il est formulé presque dans les mêmes termes que la déclaration du Congrès d'octobre 2002 sur l'Irak [13]. Il suffit de remplacer « Nicaragua » par « Irak ». Combien faut-il d'esprit critique pour évaluer l'ampleur de la menace que le Nicaragua peut faire peser sur l'existence même des États-Unis ? Là encore, les étrangers sont ébahis, ils ne comprennent pas. Dans les années 1980, le secteur touristique européen s'est effondré plusieurs fois parce que, à la suite de certaines poussées de fièvre dans la couverture du terrorisme par les médias, les Américains ont eu trop peur : ils se sont dit que, s'ils allaient en Europe, il y aurait là-bas des Arabes qui essaieraient de les tuer. Les Européens n'y comprennent rien. Comment un peuple peut-il être épouvanté par un péril totalement inexistant au point d'avoir peur de se rendre en Europe ?

Et ça recommence en ce moment même.

Oui, ça recommence. Mais pour répondre à la question « comment rompre avec tout ça ? », il suffit d'utiliser son intelligence ordinaire. Il n'y a pas de technique spéciale. Il suffit d'être prêt à examiner ce qu'on vous dit avec bon sens, intelligence sceptique. De lire ce qu'on vous présente comme vous liriez de la propagande irakienne. Avez-vous une technique spéciale pour décider que le ministre irakien de l'Information n'est pas crédible ? Regardez-vous du même œil. Appliquez-vous les mêmes normes qu'aux autres et c'est gagné. À partir de là, c'est facile.

J'aimerais que vous commentiez un néologisme : « journalistes incorporés * ».

De lui-même, aucun journaliste honnête ne se qualifierait ainsi. Dire : « Je suis un journaliste incorporé », ce serait dire : « Je suis un propagandiste du pouvoir. » Mais les journalistes ont accepté le terme. Et puisque tout ce que nous faisons est bon et juste, si l'on est un journaliste incorporé dans une unité américaine, on est forcément objectif.

L'affaire Peter Arnett a posé avec force le problème des reporters incorporés. Peter Arnett est un journaliste expérimenté, respecté, qui a quantité de réussites à son actif. Mais aujourd'hui on le déteste parce qu'il a donné une interview à la télévision irakienne[14]. A-t-on condamné qui que ce soit pour avoir donné une interview à la télévision américaine ? Non, ça c'est merveilleux. Du point de vue d'un journaliste indépendant, donner une interview à la télévision américaine, ce devrait être exactement la même chose qu'en donner une à la télévision irakienne. Ou même pire : la situation n'est pas symétrique. Ce sont les États-Unis qui envahissent

* On sait que lors de l'invasion de l'Irak, contrairement à ce qui s'était passé dans les guerres précédentes, les journalistes n'ont été autorisés à suivre le conflit que s'ils acceptaient d'être « incorporés » à des unités de l'armée américaine (*embedded journalists*) [*NdT*].

l'Irak. C'est un acte d'agression aussi net que tous ceux qui ont marqué l'histoire moderne, un crime de guerre majeur. Celui pour lequel les nazis ont été pendus à Nuremberg : l'acte d'agression. Tout le reste était secondaire. Or le cas présent est limpide. Les prétextes de l'invasion ne sont pas plus convaincants que ceux d'Hitler. Dire qu'il y a symétrie est donc déjà faux, mais passons. Un journaliste indépendant qui donne une interview à la télévision de l'envahisseur ou de l'envahi, cela ne devrait faire aucune différence. Mais ici on a fait de cette affaire une trahison. Arnett a abandonné son intégrité professionnelle, etc. Ce que cela révèle du journalisme américain est ahurissant.

L'un des meilleurs reporters américains, donc l'un des moins utilisés, Charles Glass, correspondant au Moyen-Orient qui a une expérience considérable, le souligne dans un article de la *London Review of Books* : les États-Unis doivent être le seul pays du monde où l'on peut qualifier quelqu'un de terroriste parce qu'il défend son propre pays contre une agression[15]. Il est en Irak, et tout cela le laisse pantois. D'ailleurs, quiconque se tient à distance, même minime, des États-Unis et de leur système d'endoctrinement reste nécessairement pantois.

L'attaque contre l'Afghanistan en octobre 2001 a produit deux autres expressions intéressantes. La première est le nom de la guerre elle-même, « Liberté immuable », et l'autre « combattant illégal ».

Après la Seconde Guerre mondiale, on a donné au droit international un cadre relativement neuf, qui comprenait les conventions de Genève. On n'y trouvait aucun concept du style « combattant illégal », au sens où on l'utilise aujourd'hui. Cette catégorie, en fait, est antérieure à la Seconde Guerre mondiale : elle date du temps où l'on avait le droit de faire à peu près n'importe quoi pendant une guerre. Mais avec les conventions de Genève, qui ont été établies pour criminaliser officiellement les atrocités nazies, la situation a changé. Les prisonniers de guerre sont censés jouir d'un statut spécial. Donc l'administration Bush, avec la coopération des médias et des tribunaux, revient à la période antérieure, avant l'instauration d'un cadre juridique international sérieux sur les crimes contre l'humanité et les crimes de guerre. Nos gouvernants ont revendiqué le droit non seulement de commettre des actes d'agression caractérisés, mais aussi de classer ceux qu'ils bombardent et font prisonniers dans la catégorie des « combattants illégaux », qui n'ont aucune protection juridique.

En fait, ils sont allés beaucoup plus loin. Aujourd'hui, l'administration s'est arrogé le droit d'arrêter des individus, y compris des citoyens américains, aux États-Unis mêmes, de les maintenir en détention indéfiniment sans leur permettre de contacter leur famille ni un avocat, et de les garder prisonniers sans dire de quoi elle les accuse, jusqu'au jour où le président décidera que la « guerre contre le terrorisme », qu'il l'appelle ainsi ou comme il voudra, est terminée [16]. C'est ahurissant. Le gouvernement se prétend autorisé à priver quelqu'un de ses droits fondamentaux de citoyen si le ministre de la Justice l'*estime* – il n'a pas à présenter la moindre preuve – mêlé en quelque façon à des actions qui pourraient être nuisibles aux États-Unis [17]. Il faut revenir aux États totalitaires pour trouver une mesure de ce genre-là.

Ce qui se passe à Guantánamo, par exemple, est l'une des pires violations des principes élémentaires du droit humanitaire international depuis la Seconde Guerre mondiale, c'est-à-dire depuis que ces crimes ont été officiellement classés comme tels en réaction aux atrocités nazies. Même Winston Churchill, en pleine Seconde Guerre mondiale, condamnait l'usage du pouvoir exécutif pour incarcérer des gens sans inculpation comme le plus odieux des crimes, qui n'existait que dans des sociétés nazies ou communistes. La Grande-Bretagne se trouvait dans une situation assez désespérée à l'époque, ce qui n'est pas le cas des États-Unis aujourd'hui. Un buste de Churchill regarde George Bush tous les jours. Le président pourrait peut-être prêter quelque attention à ses propos [18].

Le 31 mars, une phrase du Premier Ministre britannique Tony Blair a été citée dans Nightline * *au*

---

* Émission d'information sur les grands sujets d'actualité diffusée en fin de soirée, cinq soirs par semaine, par la chaîne de télévision ABC [*NdT*].

sujet de l'agression contre l'Irak : « Ce n'est pas une invasion[19]*. » Qu'en pensez-vous ?*

Tony Blair est un bon propagandiste des États-Unis. Il s'exprime bien, ses phrases s'enchaînent, apparemment les gens aiment son physique. Il suit une ligne adoptée délibérément par la Grande-Bretagne depuis la fin de la Seconde Guerre mondiale. Pendant ce conflit – nous disposons de nombreux documents internes à ce sujet –, les Britanniques ont compris l'évidence : ils avaient dominé le monde, mais après la guerre les États-Unis seraient la puissance hégémonique. La Grande-Bretagne devait choisir. Deviendrait-elle un pays comme les autres, ou ce qu'ils appelaient un *junior partner* des États-Unis ? Elle a accepté ce rôle de second, et depuis elle le joue. La Grande-Bretagne a été giflée de multiples fois de la façon la plus odieuse, et Blair vient s'asseoir ici tranquillement pour dire : « Nous serons le *junior partner.* » Nous apporterons à la « coalition » notre expérience séculaire des violences et massacres contre les peuples étrangers. Nous sommes bons pour ça. Nous savons depuis des siècles « bombarder les nègres[20] », comme disait Lloyd George. Nous serons le *junior partner*, et peut-être aurons-nous en retour quelques privilèges. Voilà le rôle des Britanniques. Il est honteux.

Lorsque vous faites une conférence devant un public américain, on vous pose souvent la question : « Que puis-je faire ? »

Seulement si le public est américain. On ne me la pose jamais dans le Tiers Monde. Quand vous allez en Turquie, en Colombie ou au Brésil, les gens ne vous demandent pas : « Que puis-je faire ? » Ils vous disent ce qu'ils font. Quand j'étais à Porto Alegre, au Brésil, pour le Forum social mondial, j'ai rencontré des sans-terre : ils ne m'ont pas demandé ce qu'ils pouvaient faire, ils m'ont expliqué ce qu'ils faisaient. Ils sont pauvres, opprimés, vivent dans des conditions atroces, et il ne leur viendrait jamais à l'idée de vous demander ce qu'ils peuvent faire. Ce n'est que dans des cultures très privilégiées comme les nôtres que les gens posent cette question. Toutes les options nous sont offertes, nous n'avons aucun des problèmes auxquels se heurtent les intellectuels en Turquie ou les paysans au Brésil. Nous pouvons tout faire. Mais ici, on a formé les gens à croire qu'il existe des réponses faciles, et ce n'est pas ainsi que ça fonctionne. Si l'on veut faire quelque chose, il faut se donner à fond, et s'y tenir, jour après jour. Expliquer, organiser, militer. Voilà comment on fait changer les choses. Vous voulez une baguette magique, pour pouvoir retourner dès demain devant la télé ? Ça n'existe pas.

Vous avez été dans les années 1960 un opposant résolu, de la première heure, à l'intervention américaine en Indochine. Comment la contestation a-t-elle évolué aux États-Unis depuis cette époque ?

C'est assez intéressant. Dans le *New York Times* de ce matin, il y a un article qui explique qu'aujourd'hui les militants antiguerre sont les professeurs, pas les étudiants[21]. Et que ce n'est pas comme avant, parce qu'à l'époque c'étaient les étudiants. Or c'est vrai qu'en 1970 les étudiants protestaient activement contre la guerre, mais cela ne s'est produit qu'après huit ans de guerre américaine contre le Sud-Vietnam, qui à cette date s'était étendue à toute l'Indochine et avait pratiquement rasé toute la région.

En 1962, on a annoncé que les avions américains bombardaient le Sud-Vietnam. Aucune protestation. Les États-Unis ont recouru à la guerre chimique pour détruire les cultures vivrières et regrouper des millions de personnes dans des « hameaux stratégiques » qui étaient, fondamentalement, des camps de concentration. Tout cela était public, mais aucune protestation. Impossible d'amener qui que ce soit à en parler. Même dans une ville libérale comme Boston, on ne pouvait pas tenir une réunion publique contre la guerre : elle aurait été attaquée par les étudiants, avec le soutien des médias. Il aurait fallu des centaines de policiers de l'État tout autour pour que des orateurs comme moi s'en sortent indemnes. Les manifestations n'ont eu lieu qu'après des années et des années de guerre. Et à ce moment-là, il y avait déjà eu des centaines de milliers de morts, et une bonne partie du Vietnam avait été détruite.

Mais tout cela est évacué de l'histoire, car le dire révélerait trop la vérité : il a fallu de longues années d'efforts acharnés, accomplis par quantité de gens, surtout des jeunes, pour construire un mouvement de protestation. C'est quelque chose que la journaliste du *New York Times* ne peut comprendre. Elle répète exactement, j'en suis sûr, ce qu'on lui a enseigné : qu'autrefois il y avait un énorme mouvement antiguerre et qu'aujourd'hui il a disparu. L'histoire réelle ne peut être admise en classe. Les élèves ne doivent pas apprendre que l'effort sérieux, dévoué, peut provoquer de gros changements dans les consciences et les esprits. C'est une idée très dangereuse, donc on l'a effacée de l'histoire.

3.

Changement de régime

Cambridge, Massachusetts (11 septembre 2003)

« Changement de régime » est une expression nouvelle dans le vocabulaire politique américain, mais les États-Unis sont bien rodés à changer les régimes. Cette année, il y a plusieurs anniversaires. Aujourd'hui, c'est le trentième du coup d'État au Chili, réalisé avec le soutien des États-Unis. Le 25 octobre 2003 marquera le vingtième de l'invasion américaine de Grenade. Mais je pense surtout au changement de régime en Iran il y a cinquante ans, en août 1953, le renversement de la démocratie parlementaire et du gouvernement conservateur de Muhammad Mossadegh pour rétablir le pouvoir du shah, qui a ensuite gouverné pendant vingt-cinq ans.

Le problème en Iran était le suivant : dans le cadre d'un régime parlementaire, un gouvernement nationaliste conservateur tentait de récupérer ses ressources pétrolières. Elles étaient sous le contrôle d'une compagnie britannique – l'ancienne Anglo-Persian, rebaptisée Anglo-Iranian – dont les contrats avec l'Iran relevaient de l'extorsion, du vol pur et simple : ils ne donnaient rien aux Iraniens, et les Britanniques s'enrichissaient allègrement.

Mossadegh critiquait depuis longtemps cette soumission à la politique impérialiste. Des émeutes populaires ont contraint le shah à le nommer Premier ministre et il a nationalisé l'industrie pétrolière, ce qui était tout à fait raisonnable. Les Britanniques ont été fous de rage. Ils ont refusé tout compromis semblable à ceux que les compagnies pétrolières américaines venaient alors d'accepter en Arabie Saoudite. Ils voulaient continuer à voler les Iraniens totalement. Et cette attitude a suscité un formidable mouvement populaire en faveur de la nationalisation.

L'Iran avait une longue tradition démocratique, et notamment un *majlis*, un parlement. Le shah ne pouvait pas l'abolir. Un coup d'État réalisé conjointement par les Américains et les Britanniques a finalement réussi à renverser Mossadegh et à restaurer le shah, inaugurant les vingt-cinq années de terreur, d'atrocités et de violences qui ont abouti à la révolution de 1979 et à l'expulsion du shah.

Signalons en passant l'un des résultats du putsch

de 1953 : les États-Unis ont pris environ 40 % de la part britannique dans le pétrole iranien. Ce n'était pas le but de l'entreprise – c'était seulement dans la logique des événements –, mais cela s'inscrivait dans un processus général : la relève de la puissance britannique par la puissance américaine dans la région, et en fait dans le monde entier. Dans un éditorial approuvant le coup d'État, le *New York Times* écrivit : « Les pays sous-développés riches en ressources naturelles ont reçu une leçon de choses : le prix très lourd que doit payer l'un d'eux pour avoir sombré dans la folie du nationalisme fanatique [1]. » Les Mossadegh du reste du monde devaient bien réfléchir avant de tenter de reprendre le contrôle de leurs ressources – qui évidemment sont à nous, pas à eux.

Mais ce que vous dites est très juste. Le changement de régime est une politique ordinaire. Sous les administrations Kennedy et Johnson, il y a eu une période d'efforts réellement frénétiques pour un changement de régime à Cuba. Dans les documents internes, les services secrets américains justifiaient ce changement de régime par le motif suivant : l'existence même du régime de Castro « représente un défi réussi aux États-Unis, une négation de toute notre politique dans l'hémisphère depuis près d'un siècle et demi », c'est-à-dire de la doctrine de Monroe [2]. Nous devions donc renverser Castro par une campagne de guerre économique et de terrorisme à grande échelle. Et cette campagne terroriste a failli précipiter le monde dans une guerre nucléaire destructrice. On est passé très près.

Après la Première Guerre mondiale, les Britanniques ont remplacé les Turcs en Irak. Ils ont occupé le pays, et se sont trouvés confrontés, dit un ouvrage sur la question, à « une agitation anti-impérialiste [...] dès le début ». La révolte « s'est considérablement étendue ». Les Britanniques ont jugé prudent de mettre en place une « façade arabe », comme disait Lord Curzon, le secrétaire du Foreign Office, « gouvernée et gérée sous direction britannique, mais contrôlée par un mahométan indigène et, dans la mesure du possible, par un personnel de gouvernement arabe »[3]. Grand bond jusqu'à l'Irak actuel, avec son conseil de gouvernement de vingt-cinq personnes, nommé par le vice-roi américain, L. Paul Bremer III.

Lord Curzon disait les choses très honnêtement à l'époque. L'Irak serait une façade arabe. Le pouvoir de la Grande-Bretagne serait « voilé » par des « fictions constitutionnelles comme "protectorat", "sphère d'influence", "État tampon", etc.[4] ». Et c'est ainsi que les Britanniques gouvernaient toute la région – tout l'empire, en fait. L'idée, c'est d'avoir des États indépendants mais avec des régimes faibles, contraints de compter sur la puissance impériale pour leur survie. Ils peuvent dépouiller la population si ça leur chante. Aucun problème. Mais ils doivent assurer une façade derrière laquelle le vrai pouvoir peut gouverner. C'est la norme de l'impérialisme.

Les exemples sont légion. L'occupation actuelle de l'Irak en est un. Le *New York Times* a publié un merveilleux organigramme en mai dernier, juste après la nomination de Bremer[5]. Malheureusement, il ne figure pas dans l'édition électronique archivée. Il faut aller le voir sur papier, ou sur microfilm. Mais c'était un organigramme classique, qui devait avoir dix-sept cases. Tout en haut, Paul Bremer, qui relève directement du Pentagone. Sous Bremer, des lignes aboutissant à divers généraux et diplomates, tous américains ou britanniques, avec les responsabilités de leur fonction, énumérées en caractères gras. Enfin, tout en bas, une dix-septième case, plus petite que les autres de moitié, sans caractères gras ni indication de responsabilités. Et dans cette case : « Conseillers irakiens ». Ce qui révèle bien la pensée profonde : c'est la façade. Lord Curzon aurait trouvé cet organigramme tout à fait normal.

Mais je dois dire que quelque chose me surprend : l'occupation ne marche pas. Il faut un réel talent pour échouer dans ce genre de chose. Généralement, les occupations militaires, ça marche. À l'extrémité du spectre de la brutalité, les nazis dans l'Europe occupée n'ont guère eu de problèmes pour gérer les pays tombés sous leur coupe. Dans chacun d'eux, il y avait une façade de collaborateurs qui maintenait l'ordre et réprimait la population. Si les nazis n'avaient pas été écrasés par une force extérieure irrésistible, ils auraient pu continuer sans grande difficulté à régir l'Europe occupée. Les Russes, qui ont été très brutaux aussi, ont eu fort peu de mal à gouverner l'Europe de l'Est à travers des façades.

De plus, l'Irak est un cas d'une rare facilité. Ce pays a été décimé par une décennie de sanctions meurtrières qui ont tué des centaines de milliers de personnes et tout ravagé ; il a été dévasté par des guerres, gouverné par un tyran brutal. Ne pas arriver à faire tourner une occupation militaire après tout cela, et face à une résistance qui ne reçoit aucun soutien de l'extérieur, c'est inimaginable. À mon avis, en réunissant deux personnes de cet étage du Massachusetts Institute of Technology, nous pourrions probablement trouver moyen de faire fonctionner le réseau électrique, mais l'occupation américaine n'y est pas parvenue. L'occupation de l'Irak a été un échec ahurissant. Le plan initial de l'administration, tel que l'illustre l'organigramme dont j'ai parlé, ressemble étonnamment à quelque chose qui ne va pas marcher. C'est pour cela qu'on fait à présent machine arrière, qu'on essaie d'inciter les Nations unies à venir en Irak assumer une partie des coûts. C'est une grosse surprise pour moi. Je croyais que ce serait une promenade militaire.

Jawaharlal Nehru, l'un des dirigeants de la lutte contre la domination britannique en Inde, a écrit que l'idéologie de ce régime colonial « était la même que celle du Herrenvolk *et de la race supérieure », idée qui est « inhérente à l'impérialisme ». « Ceux qui nous gouvernaient proclamaient leur supériorité », leurs idées racistes, « en termes limpides », et « chaque Indien individuellement fut soumis aux insultes, aux humiliations et au mépris »*[6]. *Le racisme est-il « inhérent » à l'impérialisme ?*

Nehru, ne l'oublions pas, était un anglophile. Mais même pour lui – issu des classes supérieures de l'élite indienne et très britannique dans ses manières et son style –, l'humiliation et l'avilissement étaient insupportables. Nehru a raison, le racisme est inhérent à la domination impériale – c'est presque un invariant. Et on peut en comprendre, je crois, le mécanisme psychologique. Quand on foule aux pieds des gens, on ne peut pas dire : « Je fais ça parce que je suis une brute. » On va forcément dire : « Je fais ça parce qu'ils le méritent. C'est pour leur bien. Voilà pourquoi je dois le faire. » Ce sont de « sales gosses » qu'il faut discipliner[7]. Les Philippins ont été présentés de la même façon, et c'est exactement ce qui se passe pour les Palestiniens des Territoires occupés depuis des années. L'un des pires aspects de l'occupation israélienne a été l'humiliation et l'avilissement constants des Palestiniens. C'est inhérent au rapport de domination.

Et l'attrait des ressources naturelles ?

C'est un facteur très fréquent dans la domination, mais ce n'est pas toujours le seul. Si les Britanniques voulaient contrôler la Palestine, par exemple, ce n'était pas pour ses ressources mais pour sa position géostratégique. De nombreux facteurs jouent un rôle dans l'ambition de dominer, de contrôler, mais l'attrait des ressources est très courant. Prenons la conquête du Texas et de la moitié du Mexique par les États-Unis, il y a environ cent cinquante ans. En général, on n'y voit pas une guerre pour les ressources naturelles, mais c'en était une. Souvenons-nous des Démocrates jacksoniens, comme James K. Polk * et d'autres personnages de l'époque. Ils essayaient de faire exactement ce dont on a accusé Saddam Hussein en 1990, quand il a envahi le Koweït : s'assurer le monopole de la ressource naturelle la plus importante du monde, qui à cette date était le coton. Mais eux, ils le disaient ouvertement. Le coton alimentait la révolution industrielle comme le pétrole alimente aujourd'hui le monde industriel. C'est l'une des raisons qui les ont poussés à s'emparer de ces territoires, à l'époque, en particulier du Texas : les États-Unis auraient le monopole

---

* James K. Polk, président de 1845 à 1849, était un partisan acharné de l'expansion des États-Unis vers l'ouest. C'est pendant sa présidence qu'ont été conquis le Nouveau-Mexique et la Californie, et qu'a été fixée, par compromis avec la Grande-Bretagne, la frontière nord de l'Oregon sur le 49e parallèle [*NdT*].

du coton et mettraient les Britanniques à genoux – en contrôlant la ressource dont dépendait leur survie. La Grande-Bretagne était alors la plus grande puissance industrielle du monde ; les États-Unis, une puissance industrielle mineure. Et, souvenez-vous, la Grande-Bretagne était la grande ennemie à cette date, une force puissante qui empêchait les États-Unis de s'étendre vers le nord au Canada et vers le sud à Cuba. C'était donc bien, au fond, une guerre pour des ressources, même s'il y avait d'autres facteurs en jeu. Le cas n'est pas inhabituel : l'occupation israélienne de la Cisjordanie, par exemple, est en partie liée à ses ressources en eau, dont Israël a besoin, mais elle a aussi d'autres raisons bien plus larges.

Pourquoi les États-Unis ont-ils attaqué l'Irak, qui ne faisait peser aucune menace, plutôt que la Corée du Nord, qui a un programme nucléaire et militaire infiniment plus développé ?

L'Irak était complètement sans défense, tandis que la Corée du Nord avait une force de dissuasion. Ce n'est pas l'arme nucléaire. Sa force de dissuasion, c'est son artillerie massée à proximité de la zone démilitarisée. Elle est pointée sur Séoul, la capitale de la Corée du Sud, et sur les dizaines de milliers de soldats américains, peut-être, qui sont à la frontière. Tant que le Pentagone n'aura pas trouvé le moyen d'anéantir cette artillerie par des armes guidées de précision, la Corée du Nord aura une force de dissuasion. L'Irak n'avait rien. L'administration Bush savait parfaitement que l'Irak était sans défense. Au moment de l'invasion, elle savait probablement où se trouvait chaque canif dans chaque mètre carré du territoire irakien.

Mais la Corée préoccupe tout de même beaucoup les États-Unis, essentiellement parce qu'elle se trouve en Asie du Nord-Est. L'Asie du Nord-Est est la région du monde la plus dynamique économiquement. Elle comprend deux grandes sociétés industrielles, le Japon et la Corée du Sud, et la Chine aussi est en train de se transformer en société industrielle. Cette région a des ressources naturelles énormes. La Sibérie en a de très nombreuses, dont le pétrole. Ensemble, les pays d'Asie du Nord-Est pèsent près d'un tiers du PIB mondial, nettement plus que les États-Unis, et possèdent près de la moitié des réserves de change mondiales. La région dispose de moyens financiers gigantesques. Et elle croît très vite, bien plus vite que toutes les autres, les États-Unis inclus [8]. Son commerce interne augmente, et, sur ce plan-là, la région se connecte avec les pays d'Asie du Sud-Est pour constituer ce qu'on appelle parfois « l'ASEAN + 3 », les pays de l'Association des nations d'Asie du Sud-Est plus la Chine, le Japon et la Corée du Sud. Certains pipelines en construction entre les zones d'extraction et les centres industriels iront naturellement en Corée du Sud, donc traverseront la Corée du Nord. Si le Transsibérien est prolongé, comme on le prévoit sûrement, il suivra probablement la même route : il passera par la Corée du Nord pour gagner la Corée du Sud. La Corée du Nord occupe donc une position tout à fait stratégique dans cette région.

Les États-Unis ne se réjouissent pas particulièrement de l'intégration économique en Asie du Nord-Est, de même qu'ils ont toujours été ambigus sur l'intégration européenne. Il y a toujours eu une inquiétude. Tout un pan de la stratégie politique, de la Seconde Guerre mondiale à nos jours, reflète la crainte de voir l'Europe prendre une orientation indépendante, devenir ce qu'on appelait autrefois une « troisième force ». C'est l'objectif primordial de l'Organisation du traité de l'Atlantique Nord, en fait. Les mêmes problèmes apparaissent aujourd'hui pour l'Asie du Nord-Est. Donc, le monde a désormais trois centres économiques majeurs : l'Amérique du Nord, l'Asie du Nord-Est et l'Europe. Sur un plan, le militaire, les États-Unis sont seuls de leur catégorie – mais sur les autres, non.

Zbigniew Brzezinski, le conseiller à la Sécurité nationale de Jimmy Carter, définit ainsi « les trois grands impératifs géostratégiques » des États-Unis : « éviter les collusions entre vassaux et les maintenir dans l'état de dépendance que justifie leur sécurité ; cultiver la docilité des sujets protégés ; empêcher les barbares de former des alliances offensives »[9].

C'est très franc – et fondamentalement exact. Lord Curzon aurait aimé. En théorie des relations internationales, cela s'appelle le « réalisme ». On empêche les autres puissances de se rassembler pour s'opposer à la puissance hégémonique. L'une des raisons pour lesquelles des experts conservateurs des relations internationales comme Samuel Huntington et Robert Jervis ont tant critiqué la politique des États-Unis, c'est qu'ils ont vu qu'elle créait une situation où de nombreux pays du monde les considéraient comme un « État voyou », une menace contre leur existence – ils allaient donc constituer des coalitions contre l'hégémonie américaine. Et c'était dans les années Clinton, avant la Stratégie de sécurité nationale de l'administration Bush.

Dans un essai de 1919 intitulé « La sociologie des impérialismes », l'économiste autrichien Joseph Schumpeter écrivait :

> *Il n'y avait pas un canton du monde connu, si éloigné fût-il, où les Romains ne voyaient leurs intérêts menacés ou effectivement attaqués. Lorsqu'il ne s'agissait pas de leurs propres intérêts, c'étaient ceux de leurs alliés, et si Rome n'avait pas d'alliés, elle trouvait toujours quelqu'un à qui s'allier. Lorsque l'absence d'intérêts était trop flagrante, on invoquait l'atteinte à l'honneur national. Bref, on guerroyait toujours pour quelque cause légitime ; on ne faisait que répondre à des attaques injustifiées de voisins perfides. Le monde entier était infesté d'ennemis, qui n'attendaient que l'occasion favorable pour se ruer à l'assaut de la Ville,*

et c'était le droit le plus strict de Rome de se défendre contre leurs desseins indubitablement agressifs[10].

La *Monthly Review* a fait usage de cette citation tout récemment, dans un éditorial sur la Stratégie de sécurité nationale de Bush, justement parce qu'elle est si pertinente pour le sujet[11]. Il suffit de remplacer « Rome » par « Washington ». L'un des arguments courants pour partir en guerre ces temps-ci, c'est qu'il faut « maintenir sa crédibilité ». Dans certains cas, l'enjeu est là : la crédibilité, pas les ressources. Prenons le bombardement de la Serbie en 1999, sous Clinton là encore. Quel était l'objectif ? L'explication officielle veut que les États-Unis soient intervenus pour empêcher une purification ethnique, mais pour soutenir cette thèse on doit inverser la chronologie. Incontestablement, le pire « nettoyage ethnique » a eu lieu après les bombardements, dont il était, de plus, la conséquence prévue. Bref, le motif ne peut être celui-là. Donc, quel est-il ? Si l'on regarde ces événements de près, Clinton et Blair ont dit à l'époque – et aujourd'hui, avec le recul, c'est admis – qu'ils avaient procédé à ces bombardements pour maintenir leur crédibilité. Pour montrer clairement qui était le patron. La Serbie défiait les ordres du patron, et on ne peut laisser personne agir ainsi. Comme l'Irak, la Serbie était sans défense, donc il n'y avait aucun risque. On pouvait même prétendre qu'on intervenait uniquement pour des raisons humanitaires.

Cette logique devrait être familière à tous les téléspectateurs qui ont vu des feuilletons sur la mafia. Le parrain doit bien faire comprendre à tous qu'il est le chef. On ne le contrarie pas. S'il envoie des hommes de main rosser quelqu'un, c'est parce que l'intéressé lui résiste, pas pour lui prendre ses ressources. C'est parce que Castro a défié avec succès les États-Unis qu'on a recouru au terrorisme pour faire tomber son régime. On ne défie pas le maître. Tout le monde doit le comprendre. Si le bruit court qu'on peut défier le maître impunément, il est dans le pétrin.

Dans son livre Empire as a Way of Life, *l'historien William Appleman Williams écrit : « C'est tout simple : les Américains du* XXe *siècle ont aimé l'empire exactement pour les mêmes raisons que leurs ancêtres au* XVIIIe *et au* XIXe *siècle. Il leur a sans cesse ouvert de nouvelles possibilités, apporté des richesses et d'autres avantages et satisfactions, dont un sentiment psychologique de bien-être et de puissance*[12]*. » Que pensez-vous de cette analyse ?*

Elle est en partie juste, mais n'oublions pas que les États-Unis n'étaient pas un empire de style européen. Les colons anglais qui sont venus en Amérique n'ont pas créé une façade indigène derrière laquelle gouverner, comme les Britanniques en Inde. Ils ont balayé l'essentiel de la population indigène – les Pères fondateurs disaient : *exterminé*. Et l'on considérait que c'était très bien. Les États-

Unis ont d'abord été une sorte d'État colon, pas un État impérial.

Les expansions territoriales qui ont eu lieu par la suite, du moins jusqu'à la Seconde Guerre mondiale, se sont conformées, en gros, au même modèle. Pensez au Mexique, dont nous avons pris un très gros morceau dans les années 1840, ou à Hawaï, volée par la force et la ruse en 1898 *. Dans les deux cas, la population indigène a été en grande partie remplacée, non colonisée. Pas remplacée en totalité, là encore. Il y a toujours des indigènes, mais fondamentalement la relève a eu lieu.

De plus, si l'on prend les empires traditionnels, disons l'Empire britannique, il n'est pas si clair que la population de la Grande-Bretagne y ait gagné. C'est un sujet très difficile à cerner, mais il y a eu une ou deux tentatives, et la conclusion générale, que je donne pour ce qu'elle vaut, c'est que les coûts et les bénéfices s'équilibraient. Les empires coûtent cher. Gérer l'Irak, ce n'est pas donné. Quelqu'un paie les entreprises qui ont détruit l'Irak et celles qui le reconstruisent. Dans les deux cas, c'est le contribuable américain. Ce sont des cadeaux des contribuables américains aux firmes américaines.

---

* Un coup d'État organisé par de grands planteurs américains qui dominaient l'économie de l'île a renversé la reine d'Hawaï en 1893. Ces événements devaient conduire, en 1898, à l'annexion de l'île par les États-Unis [*NdT*].

Je ne comprends pas. En quoi des entreprises comme Halliburton et Bechtel ont-elles contribué à la destruction de l'Irak ?

Qui paie Halliburton et Bechtel ? Le contribuable américain. Et c'est lui aussi qui finance le système militaro-industriel des fabricants d'armes et des compagnies de haute technologie qui ont bombardé l'Irak. Donc d'abord on détruit l'Irak, ensuite on le reconstruit. C'est un transfert de richesse de l'ensemble de la population à d'étroits secteurs de cette population. Même le fameux plan Marshall, c'était tout à fait ça. On en parle aujourd'hui comme d'un geste d'une générosité inimaginable. Mais générosité de qui ? Générosité du contribuable américain. Sur les 13 milliards de dollars d'aide du plan Marshall, environ 2 milliards sont allés directement aux compagnies pétrolières américaines[13]. Cela s'inscrivait dans l'effort pour faire basculer l'Europe d'une économie fondée sur le charbon à une économie fondée sur le pétrole, et rendre les pays européens plus dépendants des États-Unis. L'Europe avait beaucoup de charbon. Elle n'avait pas de pétrole. Donc, voilà deux des treize milliards. Quant aux autres, sachons bien que très peu d'argent a quitté les États-Unis. Ces sommes sont simplement passées d'une poche à une autre. L'aide du plan Marshall à la France a juste couvert les coûts de son effort pour reconquérir l'Indochine. Donc, le contribuable américain n'a pas reconstruit la France. Il a payé les Français afin qu'ils achètent des armes américaines pour écraser les Indochinois. Et il a payé les Pays-Bas pour qu'ils écrasent le mouvement indépendantiste en Indonésie.

Si nous revenons à l'Empire britannique, ses coûts et ses bénéfices pour le peuple de Grande-Bretagne ont dû à peu près s'équilibrer, mais pour les gars qui dirigeaient la Compagnie des Indes orientales, l'empire a été synonyme d'un enrichissement fantastique. Et pour les soldats britanniques qui ont disparu dans la brousse, le coût a été lourd. Globalement, c'est ainsi que fonctionnent les empires : la lutte des classes intérieure est un élément important.

Il est relativement simple d'évaluer le coût de l'empire en vies humaines, le nombre de soldats tués, le montant des dépenses. Comment évaluer, ou même évoquer, l'avilissement moral ?

On ne peut pas l'évaluer, mais il est très réel, très important. C'est l'une des raisons pour lesquelles un système impérial – tout système de domination, d'ailleurs, même une famille patriarcale – possède toujours un vernis superficiel de bienveillance. Ce qui nous ramène au racisme. Pourquoi faut-il prétendre, quand on écrase les gens, que c'est, en un sens, pour leur bien ? Parce que si on ne le fait pas, il faut regarder en face son propre avilissement moral. Soyons honnêtes : les rapports humains fonctionnent souvent ainsi. Et dans les systèmes impérialistes, presque toujours. On aurait du mal à en trouver un où la classe intellectuelle ne s'est pas extasiée sur sa propre générosité. Quand Hitler a démembré la Tchécoslovaquie, c'était sur fond de rhétorique merveilleuse : on apportait la paix à des groupes ethniques en conflit, qui allaient tous pouvoir mener une vie heureuse sous la protection bienveillante de l'Allemagne. Il faut vraiment beaucoup chercher pour trouver une exception. Et la règle est vérifiée, bien sûr, pour les États-Unis.

Traditionnellement, si l'on utilisait le mot « impérialisme » en conjonction avec « américain », on était catalogué comme « pas sérieux » – un marginal d'extrême gauche. Ces dernières années, les choses ont un peu évolué. Par exemple, Michael Ignatieff, directeur du centre Carr de la Kennedy School of Government de l'université Harvard, a écrit dans un grand article du New York Times Magazine *: « L'empire de l'Amérique n'est pas comme ceux du passé, fondés sur les colonies, la conquête et le fardeau de l'homme blanc [...]. L'empire du XXIe siècle est une invention nouvelle dans les annales des sciences politiques, c'est un empire* light, *une hégémonie mondiale dont les ornements sont les libres marchés, les droits de l'homme et la démocratie, imposés par la puissance militaire la plus impressionnante que le monde ait jamais connue*[14]. »

C'est ce qu'ont dit les apologistes de toutes les puissances impériales. On peut aussi bien remonter à John Stuart Mill, l'un des plus éminents intellectuels occidentaux. Il a défendu l'Empire britannique dans des termes tout à fait identiques. Il a écrit l'essai classique sur l'ingérence humanitaire[15]. Tout le monde l'étudie dans les facultés de droit. La Grande-Bretagne, expliquait-il, est unique au monde. Elle ne ressemble à aucun pays dans l'histoire. Les autres ont de basses motivations, sont mus par l'appât du gain, etc., mais les Britanniques agissent uniquement pour le bien des autres. En fait, disait-il, nos motivations sont si pures que les Européens ne peuvent nous comprendre. Ils nous accablent de « récriminations » et cherchent à découvrir de vils motifs à nos bonnes actions. Mais tout ce que nous faisons, c'est pour le bien des indigènes, des barbares. Nous voulons leur apporter les marchés libres, l'administration honnête, la liberté, toutes sortes de merveilleux bienfaits. Je suis surpris qu'Ignatieff ne se rende pas compte qu'il ne fait que répéter une rhétorique très familière.

Le moment où John Stuart Mill fait ces remarques est intéressant. Il a écrit cet essai vers 1859, juste après la Révolte indienne * – que la terminologie britannique appelle *Indian Mutiny*, « Mutinerie indienne ». Les barbares ont osé relever

---

* Le 10 mai 1857, les troupes auxiliaires indiennes de l'armée britannique se révoltent, prennent Delhi et proclament Bahadur Shah II empereur de l'Inde. La révolte s'étend dans l'Inde du Nord, mais les Britanniques déchaînent une contre-offensive féroce. Ils reprennent Delhi en septembre 1857 et Lucknow en mars 1858 [*NdT*].

la tête. Les Indiens se sont révoltés contre la domination de la Grande-Bretagne, et les Britanniques ont écrasé leur soulèvement avec la plus extrême violence, la dernière brutalité. John Stuart Mill en était évidemment informé : la presse ne parlait que de ça. Des conservateurs à l'ancienne, comme Richard Cobden *, ont condamné catégoriquement la répression britannique de la révolte, un peu comme le sénateur Robert Byrd ** condamne aujourd'hui l'invasion de l'Irak. Les vrais conservateurs ne sont pas comme ceux qui se donnent ce nom. Mais John Stuart Mill, au plus fort de la répression du soulèvement, a décrit la Grande-Bretagne comme une puissance angélique.

Et les gens croient à leur propre discours. La lecture des archives internes le prouve : souvent, les dirigeants politiques parlent entre eux dans les mêmes termes qu'en public. De nombreux documents d'archives soviétiques commencent à sortir : on les vend au plus offrant, comme tout le reste en Russie. Quand on lit les débats internes à partir des

---

* Richard Cobden (1804-1865), homme politique et économiste britannique, est surtout connu pour son combat contre les *Corn Laws*, les lois qui imposaient des droits de douane sur le blé importé. Il était totalement opposé à la politique étrangère agressive du Premier Ministre britannique Lord Palmerston, au pouvoir dans les années 1855-1858 [*NdT*].

** Le 19 mars 2003, jour du déclenchement de la guerre en Irak, le sénateur démocrate de Virginie-Occidentale Robert Byrd a prononcé un discours retentissant contre la guerre au Sénat des États-Unis [*NdT*].

années 1940, après la Seconde Guerre mondiale, on voit bien de quoi discutaient Andreï Gromyko et les autres dirigeants soviétiques : de la façon dont ils devaient intervenir pour protéger la démocratie contre les forces du fascisme, qui étaient partout. Je suis sûr que Gromyko croyait ce qu'il disait aussi sincèrement qu'Ignatieff.

Dans un autre article du New York Times Magazine, *Ignatieff écrit : « De nouvelles règles sur l'intervention militaire, que les États-Unis proposeraient et respecteraient eux-mêmes, mettraient fin au mensonge selon lequel l'État voyou, c'est l'Amérique, pas ses ennemis. » Vous avez écrit un livre intitulé* Les États voyous [16]. *Les États-Unis sont-ils un État voyou ?*

En fait, j'ai emprunté l'expression à Samuel Huntington. C'est lui qui a écrit dans la plus importante revue de l'*establishment*, *Foreign Affairs*, qu'une grande partie du monde considère les États-Unis comme une « superpuissance voyou » et voient en eux « la plus grande et l'unique menace extérieure contre leur société » [17]. Huntington critiquait certaines politiques de l'administration Clinton qui conduisaient d'autres pays à former des coalitions contre les États-Unis. Si nous définissons « État voyou » en fonction d'un principe moral – État qui viole le droit international, commet des agressions, des atrocités, viole les droits de l'homme... –, il est certain que les États-Unis se qualifient pour le titre, comme on pouvait l'attendre de l'État le plus puissant du monde, comme la Grande-Bretagne s'est qualifiée, comme la France s'est qualifiée, et dans chacun de ces empires les intellectuels ont écrit le même type d'âneries qu'Ignatieff dans la phrase que vous citez. La France menait une « mission civilisatrice » quand son ministre de la Guerre disait qu'il allait falloir exterminer les indigènes en Algérie. Même les nazis ont utilisé cette rhétorique. On peut descendre jusqu'au record absolu de l'ignominie, on trouvera exprimés les mêmes sentiments. Quand les fascistes japonais faisaient la conquête de la Chine et se livraient à des atrocités inouïes comme le massacre de Nankin, ils recouvraient tout cela d'un discours qui émeut aux larmes. Ils étaient en train de créer un « paradis sur terre » où les peuples d'Asie allaient coopérer, le Japon allait les protéger des « bandits » communistes et se sacrifier pour leur bien, pour qu'ils aient tous la paix et la prospérité [18]. Je suis assez surpris, là encore, qu'il n'y ait pas un éditorialiste du *New York Times* ou un éminent professeur de Harvard pour voir que c'est un peu bizarre, de répéter purement et simplement ce qu'ont dit et redit les monstres les plus abominables. Pourquoi serait-ce différent aujourd'hui ?

Soit dit en passant, l'un des grands avantages du statut d'intellectuel respectable, c'est que l'on n'a jamais besoin d'avancer la moindre preuve de ce qu'on affirme. Parcourez ces articles, et essayez donc d'en trouver une seule à l'appui de leurs conclusions. Pour atteindre les sommets de la respectabilité, on doit comprendre que le fait même de demander des preuves est vaguement absurde, quand il s'agit de faire l'éloge des détenteurs du pouvoir. C'est automatique, tout simplement. Bien sûr qu'ils sont magnifiques. Peut-être ont-ils fait quelques erreurs dans le passé, mais aujourd'hui ils sont magnifiques. Et chercher des preuves qu'ils le sont, c'est comme chercher à prouver les vérités arithmétiques. C'est comme si vous écriviez : « Deux plus deux font quatre », et que quelqu'un dise : « Où sont vos preuves ? » Donc il n'y en a jamais.

Le communiste italien Antonio Gramsci a écrit : « Un grand obstacle au changement est la reproduction par les forces dominées d'éléments de l'idéologie hégémonique. Il est important et urgent de développer des interprétations alternatives de la réalité[19]*. » Comment développe-t-on « des interprétations alternatives de la réalité » ?*

Je respecte profondément Gramsci, mais je pense qu'il est possible de paraphraser ainsi sa remarque : dites la vérité ! Au lieu de reproduire le fanatisme idéologique, démantelez-le, essayez de découvrir la vérité et dites-la. C'est quelque chose qui est à notre portée à tous. Les intellectuels, ne l'oublions pas, ont bien intégré l'idée qu'il faut que les choses paraissent compliquées. Sinon, à quoi servent-ils ? Il est donc utile de se demander : qu'y a-t-il, au fond, de si complexe ? Gramsci est une personne tout à fait admirable, mais prenez cette phrase et essayez de la traduire en langage clair. Est-ce si compliqué de comprendre la vérité, ou de savoir ce qu'il faut faire ?

4.

Guerres d'agression

Cambridge, Massachusetts (12 février 2004)

Dans un nouveau documentaire, The Fog of War, *Robert McNamara fait un aveu assez intéressant. Il cite une remarque du général Curtis LeMay, avec lequel il a servi à l'époque des bombardements incendiaires contre les villes japonaises pendant la Seconde Guerre mondiale : « Si nous avions perdu, nous aurions tous été jugés comme criminels de guerre. » McNamara ajoute alors : « Il a sans doute raison. [...] Mais qu'est-ce qui rend la chose immorale quand on perd mais pas quand on gagne ? »* [1].

Je n'ai pas vu le film, mais on m'a dit que McNamara y précise pour la première fois son rôle personnel pendant la Seconde Guerre mondiale. En général, ses biographies le présentaient comme une sorte de statisticien qui travaillait quelque part à l'arrière ; il s'avère qu'il avait en fait un rôle de planificateur, qu'il cherchait comment maximiser au moindre coût le nombre de civils japonais tués. Il est clair que Tokyo a été retenue comme cible parce que c'était une ville à très forte densité démographique et essentiellement construite en bois ; on pouvait y déclencher un incendie ravageur qui tuerait sans aucune difficulté cent mille personnes. N'oublions pas qu'à cette date le Japon n'avait aucune DCA. Je vois que McNamara assume la responsabilité – je ne peux pas vraiment dire : « revendique le mérite » – d'avoir pris cette décision.

Son commentaire sur les criminels de guerre n'est pas seulement vrai dans ce cas précis, mais toujours. Telford Taylor, qui a été procureur général au tribunal de Nuremberg sur les crimes de guerre, a fait remarquer que celui-ci poursuivait des crimes rétroactifs, c'est-à-dire qui ne figuraient pas dans les textes au moment où ils se sont produits[2]. Le tribunal devait lui-même décider ce qu'on allait considérer comme crime de guerre, et sa définition opératoire a été claire : tout ce que l'ennemi avait fait et que les Alliés n'avaient pas fait. C'était tout à fait explicite – et c'est pour cela que les bombardements alliés dévastateurs contre la population civile de Tokyo, Dresde et autres centres urbains, par exemple, n'ont pas été classés parmi les crimes de guerre. Les forces aériennes américaines et britanniques avaient beaucoup plus bombardé les civils en zone urbaine que les Allemands. Ils visaient surtout les quartiers ouvriers, les quartiers pauvres. Puisque les Alliés l'avaient pratiqué bien plus intensivement que les puissances de l'Axe, le bombardement des agglomérations n'a pas été inclus dans les crimes de guerre. Le même principe a d'ailleurs joué au niveau individuel. Un amiral allemand – Karl Dönitz, qui commandait les sous-marins – a fait appel, comme témoin de la défense, au commandant en chef des forces navales américaines dans le Pacifique, Chester W. Nimitz, lequel a attesté que ce dont on accusait Dönitz en matière de guerre sous-marine, les Américains l'avaient fait aussi. Sur ce chef d'accusation précis, il a été acquitté.

Le tribunal de Nuremberg était au moins à demi respectable. Le tribunal de Tokyo était une farce, et certains autres procès intentés à des Japonais étaient à peine croyables, comme celui du général Tomoyuki Yamashita, traduit en justice et pendu pour les crimes des soldats japonais aux Philippines. En principe, ces soldats étaient sous son commandement, mais à la fin de la guerre toutes les communications étaient coupées et il n'avait aucun contact avec eux. Ils ont effectivement commis d'horribles atrocités, pour lesquelles on a pendu le général[3]. Imaginons un instant que l'on étende ce principe à tous les commandants dont les soldats, de leur propre chef, sans communication directe, ont commis des crimes : l'ensemble des chefs militaires de toutes les armées opérationnelles du monde seraient pendus. Et les dirigeants civils aussi. Dans la plupart des cas, ce ne sont pas les généraux, ce sont les civils qui autorisent et organisent les pires crimes de guerre. Donc, l'observation de McNamara est juste, bien connue – et bien timide.

Remarquons en passant qu'elle s'applique aussi aux procès pour crimes de guerre d'aujourd'hui. Souvenez-vous de la réaction quand, pendant trente secondes environ, on a eu l'impression que le Tribunal spécial sur la Yougoslavie allait peut-être enquêter sur les crimes de l'OTAN. Des avocats canadiens et britanniques l'incitaient à s'intéresser aux crimes de guerre de l'OTAN – qui existaient, bien sûr. Et, un bref instant, on a eu l'impression qu'il allait peut-être le faire. Mais les États-Unis l'ont aussitôt mis en garde : qu'il ne poursuive aucun crime américain ou allié, ça vaudrait mieux pour lui ! Les crimes, ce sont des choses que font les autres, pas nous.

On retrouve la même logique dans la doctrine Bush. L'une de ses composantes, c'est que les États-Unis ont le droit de mener des opérations militaires offensives contre des pays que nous considérons comme une menace parce qu'ils ont des armes de destruction massive. C'est le premier volet de la doctrine. De nombreuses grandes figures de l'*establishment* l'ont condamné. Ils n'étaient pas vraiment en désaccord sur le fond, mais ils pensaient que l'impudence avec laquelle on déclarait et on appliquait ce principe constituait, en dernière analyse, une menace contre les États-Unis. La revue *Foreign Affairs* a immédiatement publié un article critique sur « la grande stratégie néo-impériale », comme elle disait[4]. Madeleine Albright, la secrétaire d'État de Clinton, a fait remarquer – et elle a raison – que cette doctrine avait été partagée par tous les présidents, mais ne devait pas être proclamée à tue-tête. « La légitime défense préventive », a-t-elle écrit dans *Foreign Affairs*, est « un outil que chaque président a tenu discrètement en réserve »[5]. On l'a dans sa poche de derrière et on l'utilise quand on veut. Le commentaire le plus intéressant a peut-être été celui d'Henry Kissinger, en réponse à un grand discours du président Bush à West Point où celui-ci avait exposé les grandes lignes de la Stratégie de sécurité nationale. Cette conception « révolutionnaire » des affaires étrangères, a dit Kissinger, allait mettre en pièces non seulement la Charte des Nations unies et le droit international, mais tout le système d'ordre international instauré par les traités de Westphalie au XVIIe siècle. Kissinger approuvait la doctrine, mais ajoutait une précision : nous devons comprendre qu'elle ne peut pas être « un principe universel accessible à tous les pays[6] ». Elle est pour nous et pour personne d'autre. Nous utiliserons la force à notre guise contre tous ceux que nous percevrons comme une menace potentielle, et peut-être déléguerons-nous ce droit à des États clients, mais il n'est pas fait pour les autres.

Passons au second volet de la doctrine Bush : « Ceux qui abritent des terroristes sont aussi coupables que les terroristes eux-mêmes[7]. » Tout comme nous avons le droit d'attaquer et de détruire les terroristes, nous avons le droit d'attaquer et de détruire les États qui donnent refuge aux terroristes. OK, quels sont les États qui donnent refuge à des terroristes ? Laissons de côté ceux qui accueillent des chefs d'État : si nous les prenons en compte, la discussion chavire instantanément dans l'absurde. Limitons-nous aux organisations et aux individus qui sont officiellement considérés comme terroristes, ou terroristes « infranationaux », comme Al-Qaïda ou le Hamas. Quels sont les États qui les abritent ? Actuellement, un procès extrêmement important passe en appel à Miami, et il est très directement lié à cette question : c'est l'affaire des Cinq de Cuba. Je n'ai pas vu beaucoup d'articles à ce sujet. Rappelons brièvement le contexte. Les États-Unis ont déclenché une guerre terroriste contre Cuba en 1959, elle a vite pris de l'ampleur sous Kennedy avec l'opération Mangouste * et a bien failli déclencher un conflit nucléaire mondial. Les atrocités ont probablement connu leur apogée à la fin des années 1970. Mais, à cette date, les États-Unis s'étaient dissociés de la campagne de terreur et, pour autant que nous le sachions, ne réalisaient pas d'attentats directement.

* Sur l'opération Mangouste [*Mongoose*], programme d'opérations paramilitaires, de guerre économique et de sabotage lancé contre Cuba par le président Kennedy en 1961, voir Noam Chomsky, *Dominer le monde ou sauver la planète ?*, Paris, Fayard, 2004, p. 116 *sq.* [*NdT*].

Ils abritaient des terroristes qui menaient contre Cuba des attaques – très graves – en violation de la loi américaine et du droit international. Ces actes de terrorisme, soit dit en passant, ont continué au moins jusqu'à la fin des années 1990. Nous n'avons pas à nous demander si leurs auteurs sont ou ne sont pas des terroristes : le FBI et le département de la Justice les qualifient de terroristes dangereux, donc prenons-les au mot. Orlando Bosch, par exemple : le FBI l'accuse de nombreux attentats terroristes graves, dont certains commis sur le sol des États-Unis ; le département de la Justice l'a présenté comme une menace contre la sécurité des États-Unis et a préconisé son expulsion. Bosch a notamment participé à la destruction d'un avion de ligne de la compagnie Cubana : cet attentat a fait 73 morts en 1976. George Bush I, à la demande de son fils Jeb, le gouverneur de Floride, a octroyé à Bosch la grâce présidentielle [8]. Il vit donc tranquillement à Miami, et nous donnons refuge à une personne que le département de la Justice considère comme un dangereux terroriste, une menace contre la sécurité des États-Unis.

Quand il s'est avéré que les États-Unis ne faisaient rien pour empêcher les terroristes résidant sur leur territoire d'organiser des attentats, Cuba a décidé d'envoyer des agents infiltrer les organisations terroristes en Floride pour recueillir des informations. Après quoi il a invité des agents du FBI à venir à La Havane, ce qu'ils ont fait. En 1998, Cuba a remis à de hauts responsables du FBI des milliers de pages de documents et des vidéocassettes sur la préparation d'actions terroristes en Floride. Et le FBI a réagi – en arrêtant les infiltrés. C'est cela, l'affaire des Cinq de Cuba : les agents infiltrés qui ont donné au FBI des informations sur des terroristes aux États-Unis ont été arrêtés. Ils ont été traduits en justice à Miami, et le juge a refusé de transférer le procès ailleurs, ce qui est ridicule. Le procureur a concédé qu'il n'y avait, au fond, aucune charge contre ces Cubains. Ils n'en ont pas moins été condamnés. L'affaire passe actuellement en appel *, mais trois d'entre eux ont été condamnés à la perpétuité, les autres à de longues peines de prison, et on a refusé le droit de visite à leurs familles [9]. C'est l'illustration parfaite de l'État offrant refuge aux terroristes – et ce devrait être un immense scandale.

Ce n'est pas le seul exemple. Le gouvernement vénézuélien s'efforce actuellement de faire extrader deux officiers accusés d'avoir pris part à des attentats à la bombe à Caracas : ils ont quitté le pays et sollicitent à présent l'asile politique aux États-Unis [10]. Ces officiers ont participé au putsch militaire de 2002, qui a réussi à renverser le gouverne-

* Le 27 mai 2005, le Groupe de travail de l'ONU sur les détentions arbitraires a déclaré la détention des Cinq arbitraire et contraire au droit international. Le 9 août 2005, la cour d'appel d'Atlanta a annulé toutes les condamnations prononcées contre eux. Mais le gouvernement des États-Unis a fait appel de cette décision de justice, et, au début de 2006, les Cinq sont toujours en prison – depuis plus de sept ans [*NdT*].

ment Chávez un jour ou deux. Les autorités américaines ont ouvertement soutenu ce coup d'État, qui, selon d'excellents journalistes de la presse britannique, a eu lieu en partie à leur instigation[11]. Si, aux États-Unis, des officiers s'étaient emparés de la Maison-Blanche pour prendre le pouvoir, on les aurait exécutés. Mais les tribunaux vénézuéliens, très réactionnaires et encore liés à l'ancien régime, ont débouté le gouvernement quand il a cherché à faire traduire en justice ces officiers. Le régime « totalitaire » de Hugo Chávez s'est incliné devant le verdict de la justice et ne les a pas poursuivis. Ils ont donc été libérés. Et maintenant ils sollicitent des États-Unis l'asile politique, qu'on va leur accorder, je suppose.

Ou prenons Emmanuel Constant. Il est responsable du meurtre de quatre à cinq mille Haïtiens. Il vit heureux dans le Queens, à New York, car les États-Unis refusent même de répondre aux demandes d'extradition le concernant[12].

Donc, qui abrite des terroristes ? Si, à en croire la doctrine Bush, les États qui abritent des terroristes sont des États terroristes, quelle sera notre conclusion ? Exactement celle que Kissinger a aimablement formulée : ces doctrines sont unilatérales. Elles n'ont pas vocation à devenir des normes du droit international. Ce sont des doctrines où le droit d'utiliser la force, de recourir à la violence, d'abriter des terroristes est reconnu aux États-Unis mais pas aux autres. Pour les puissants, les seuls crimes sont ceux que les autres commettent.

Robert Jackson, le principal procureur général des États-Unis à Nuremberg, a dit dans sa déclaration d'ouverture : « Le déclenchement ou la conduite d'une guerre d'agression est, moralement, de la même nature que le pire des crimes[13]*. » Le procureur britannique à Nuremberg, Hartley Shawcross, a déclaré que les Allemands avaient commis « un crime contre la paix : [...] mener des guerres d'agression en violation des traités*[14] *». Selon la Charte des Nations unies, préparer et mener une guerre d'agression est un crime de guerre majeur*[15]*. Puisque l'Irak a été attaqué alors qu'il ne menaçait pas les États-Unis, pourquoi n'y a-t-il eu aucune discussion sur le thème : « Le gouvernement des États-Unis mène une guerre d'agression illégale » ? Pourquoi n'y a-t-il aucun effort pour obtenir* l'impeachment *du président Bush ?*

Il y en a. Plusieurs groupes d'avocats aux États-Unis – mais surtout en Angleterre, au Canada et ailleurs – essaient de faire traduire en justice des dirigeants américains pour crime d'agression. Il faut cependant souligner que, si l'invasion de l'Irak était évidemment un acte d'agression, elle ne manquait pas de précédents. Qu'est-ce que c'était, l'invasion du Sud-Vietnam en 1962, quand Kennedy a envoyé l'aviation américaine l'attaquer et a lancé une campagne de guerre chimique aux conséquences dévastatrices, en regroupant sa population dans des camps de concentration ? C'était une agression. On peut dire que c'était une agression contre un État non membre des Nations unies, si cela paraît important, mais c'était sûrement une agression. Et l'invasion indonésienne du Timor-Oriental, qu'est-ce que c'était ? À l'évidence une agression. Et l'invasion israélienne au Liban, qui a fait en définitive 20 000 morts [16] ? Ces deux agressions-là ont été effectuées avec le soutien diplomatique, militaire et économique décisif des États-Unis. Dans le cas du Timor-Oriental, la Grande-Bretagne était impliquée aussi. Et nous pouvons continuer.

L'invasion du Panama en 1989, qu'est-ce que c'était ? Une agression pour kidnapper un gangster – pas un gangster style Saddam Hussein, un vrai : Manuel Noriega. Au cours de l'invasion, l'armée américaine a tué, suivant des sources panaméennes, 3 000 civils [17]. Nous ne pouvons pas confirmer le chiffre car nous n'enquêtons pas sur nos propres crimes. Personne n'a de statistiques sûres, mais l'invasion des États-Unis à Panama a certainement tué beaucoup de gens – sur la même échelle que l'invasion irakienne au Koweït, avec à peu près le même nombre de victimes. Les États-Unis ont opposé leur veto aux résolutions du Conseil de sécurité et de l'Assemblée générale qui ont condamné l'invasion [18]. Noriega a été enlevé de force dans les locaux de l'ambassade du Vatican et emmené en Floride – tout cela était parfaitement illégal –, puis, dans un procès ridicule, a été convaincu de crimes qu'il avait effectivement commis, quasiment tous à l'époque où il était payé par la CIA[19]. Si Saddam Hussein passe un jour en procès, ce sera pareil : il sera accusé de crimes que les États-Unis ont soutenus, mais ce détail essentiel ne sera pas mentionné.

Que fait la communauté des experts en droit international face à cette situation ? La tâche de ces juristes n'est pas simple. Certains, une minorité, disent la vérité et soulignent les violations de la légalité internationale. Mais la plupart doivent construire des raisonnements compliqués pour justifier les crimes d'agression. Leur travail, au fond, est de servir d'avocat de la défense au pouvoir d'État. Leurs justifications sont intéressantes. Les plus honnêtes, comme Michael Glennon de la Fletcher School of Law and Diplomacy, disent simplement que le droit international et la Charte des Nations unies ne sont que du « vent », et qu'il faudrait les éliminer, parce qu'ils restreignent la capacité des États-Unis à user de la force[20].

Selon Glennon – et sa position est partagée par bien d'autres défenseurs de l'agression américaine, comme Ruth Wedgwood, qui enseigne le droit à l'université Yale –, certaines actions des États-Unis comme le bombardement illégal de la Serbie ont changé la nature du droit, parce que le droit est une doctrine vivante, un système de principes vivant, modifié en permanence par la pratique internationale. A-t-il été modifié quand Saddam Hussein a envahi le Koweït ? Non. A-t-il été modifié quand le Vietnam a envahi le Cambodge – l'une des rares actions militaires de l'histoire moderne que l'on pourrait à juste titre qualifier d'« intervention humanitaire » ? Ou quand l'Inde, en envahissant le Pakistan-Oriental, a mis fin à de gigantesques atrocités ? Non. Ces interventions ont toutes été durement condamnées. Aucune n'a créé de nouvelles normes du droit international. Parce que c'est nous qui changeons la loi, nous et personne d'autre.

Un numéro récent de l'*American Journal of International Law* contient un article de fond bien compliqué de Carsten Stahn, intitulé « Enforcement of the Collective Will after Iraq » [La mise en œuvre de la volonté collective après l'Irak]. Stahn cite Jürgen Habermas et toutes sortes d'autres grands penseurs. Voici l'essentiel de son raisonnement. Quand les États-Unis ont envahi l'Irak, ils ont en réalité respecté la Charte des Nations unies si on interprète celle-ci correctement. Il faut comprendre que deux lectures de la Charte sont possibles. Il y a l'interprétation littérale, selon laquelle l'usage de la force dans les affaires internationales est un crime sauf dans des conditions qui ne s'appliquent pas au cas de l'Irak : cette lecture-là est triviale et sans intérêt. Et il y a l'interprétation « communautaire » de la Charte, selon laquelle un acte est légitime s'il met en œuvre la volonté de la communauté des nations. Puisque le Conseil de sécurité n'a pas la force militaire nécessaire pour accomplir la volonté de la communauté des nations, il délègue implicitement ce rôle aux États qui en ont la force, c'est-à-dire aux États-Unis. Donc, dans le cadre de l'interprétation communautaire de la Charte, les États-

Unis ont mis en œuvre la volonté de la communauté internationale en envahissant l'Irak. 90 % de la population mondiale et la quasi-totalité des États ont énergiquement condamné l'invasion ? L'objection n'est pas pertinente. Ces pays ne comprenaient pas leur propre volonté, tout simplement. Leur volonté *réelle* s'était exprimée dans les résolutions du Conseil de sécurité auxquelles l'Irak ne s'était pas pleinement conformé, etc. Donc, dans le cadre subtil et complexe de l'interprétation communautaire, les États-Unis ont utilisé la force avec l'autorisation du Conseil de sécurité même si le Conseil de sécurité la leur avait refusée[21]. Une grande partie du travail de la communauté académique est de ce type. Les universitaires élaborent des raisonnements subtils et complexes, certes d'un infantilisme ridicule mais enrobés dans suffisamment de docte obscurité, notes en bas de page et références à des penseurs prétendument profonds pour permettre de construire un cadre qui, dans un univers étrange, a une certaine plausibilité.

La rhétorique actuelle sur l'Irak, c'est que le pays a été « libéré ».

Quand vous voulez savoir si un pays a été libéré, demandez à sa population. C'est à elle d'en juger, pas aux intellectuels et politiciens du pays envahisseur. Et, dans les sondages effectués par des instituts occidentaux, cinq Irakiens sur six disent que l'Irak est occupé.

Voici l'une des réponses les plus remarquables que j'ai vues. On a demandé aux Irakiens de nommer le chef d'État étranger qu'ils respectaient le plus. Le premier a été Jacques Chirac, le président français, symbole de l'opposition à l'invasion de l'Irak. Son résultat a été très supérieur à celui de Bush. Le pathétique Tony Blair était encore plus loin derrière. Dans certains sondages, à mon vif étonnement, une forte majorité des Irakiens disent que les forces américaines doivent s'en aller, ce qui est vraiment remarquable dans la situation sécuritaire extrêmement grave où se trouve leur pays[22].

Si l'on regarde bien les résultats de ces sondages, d'ailleurs, les Irakiens y font preuve d'une compréhension de l'Occident bien plus raffinée que la nôtre. Il est tout à fait courant que les victimes d'un système le comprennent mieux que ceux qui tiennent le bâton. Quand on veut savoir ce que c'est que la famille patriarcale, on ne va pas interroger le père, on demande à la mère ; ainsi, on apprendra peut-être quelque chose. Dans un sondage occidental, par exemple, on a demandé aux Irakiens : « Pourquoi, selon vous, les États-Unis sont-ils entrés en Irak ? » On n'a pas employé le mot *envahir*. Certains Irakiens ont été d'accord avec le président Bush et 100 % des commentateurs occidentaux : 1 % des Irakiens ont répondu que l'objectif de l'invasion était d'instaurer la démocratie. Et 70 % ont dit que c'était de faire main basse sur les ressources de l'Irak et de réorganiser le Moyen-Orient – ceux-là étaient d'accord avec Richard Perle et

Paul Wolfowitz. C'était la position dominante, à une majorité écrasante. De l'avis d'à peu près 50 % des Irakiens interrogés, les États-Unis veulent établir une démocratie en Irak mais ne permettront pas au gouvernement irakien de mener une politique autonome, sans influence américaine [23]. Autrement dit, on a compris en Irak que les États-Unis veulent la démocratie s'ils peuvent la contrôler. Et c'est bien ça. La démocratie, c'est un système où vous êtes libre de faire tout ce que vous voulez tant que vous faites ce que nous vous disons. On devrait apprendre ça par cœur à l'école primaire. Les preuves sont si écrasantes qu'il est assommant de les répéter, mais les commentateurs américains n'arrivent pas à comprendre. Les Irakiens, en revanche, semblent y parvenir sans problème, en partie parce qu'ils connaissent leur propre histoire. Les Britanniques ont dessiné artificiellement l'Irak en 1920, et ils ont tracé ses frontières pour que le pétrole du Nord se retrouve sous le contrôle de la Grande-Bretagne et pas de la Turquie. Puis ils se sont assurés que l'Irak serait un pays dépendant en coupant son accès à la mer. C'est la raison d'être de la colonie britannique du Koweït. Après quoi les Britanniques ont déclaré que l'Irak était un pays libre, indépendant, qui gérait lui-même ses affaires. Si l'on consulte les archives du Colonial Office britannique, autrefois secrètes mais aujourd'hui publiques, ils disaient en fait : l'Irak sera un pays libre, mais gouverné par une « façade arabe » derrière laquelle la Grande-Bretagne continuera à le dominer[24]. Les Irakiens n'ont pas besoin de lire les archives secrètes. Ils connaissent leur histoire. Ils savent dans quelle mesure ils étaient libres.

De plus, les Irakiens n'ont qu'à regarder ce qui se passe aujourd'hui. Il est assez frappant de voir les médias américains essayer de contourner ce paradoxe : nous qui sommes si passionnément attachés à la démocratie, nous tentons désespérément d'esquiver les appels des Irakiens qui réclament des élections. Difficile de ne pas le voir ! Et les Irakiens n'ont pas besoin de lire le *Washington Post* pour constater que les États-Unis construisent aujourd'hui à Bagdad leur plus grande ambassade, ou qu'ils veulent absolument un accord sur le statut de leurs forces armées dans lequel le gouvernement souverain de l'Irak leur reconnaîtra le droit de garder en Irak autant de soldats et de bases qu'ils voudront aussi longtemps qu'ils le voudront[25]. Les Irakiens n'ont pas besoin de lire la presse d'affaires américaine pour constater que les autorités d'occupation ont imposé à l'Irak un régime économique qu'aucun État souverain n'accepterait une seconde, car il ouvre totalement le pays à la mainmise des sociétés étrangères. Ils voient bien que le système économique qu'on leur impose est un rêve de l'administration Bush. Il fait hurler les hommes d'affaires irakiens, car ils savent qu'ils ne pourront jamais concurrencer les autres pays dans ces conditions[26]. Le taux d'imposition le plus élevé en Irak aujourd'hui n'est que de 15 % – ce qui veut dire ni impôts ni contraintes sur l'investissement étranger. Le seul secteur exclu de la propriété étrangère totale est le pétrole : c'eût été trop flagrant. Mais si on lit entre les lignes, les cadres supérieurs de Halliburton expliquent que le travail qu'ils font aujourd'hui, avec l'aimable soutien financier des contribuables, les mettra en bonne position plus tard pour gérer et contrôler les ressources pétrolières de l'Irak [27].

Nous lisons maintenant dans la grande presse quelques critiques sur l'invasion de l'Irak.

Mais les critiques que nous lisons ne remettent pas en cause les postulats fondamentaux de l'invasion. La critique, c'est : ce que les États-Unis essaient de faire est bien, mais Bush le fait mal. Revenons à Robert McNamara. Quand McNamara a écrit son livre *Avec le recul,* il a été chaudement félicité par les colombes humanistes [28], qui ont dit : justice nous est rendue ; McNamara a fini par reconnaître que nous avions raison depuis le début. Mais qu'a-t-il dit ? Il s'est excusé auprès du peuple américain, car il ne lui avait pas fait savoir assez vite que la guerre allait être coûteuse pour les Américains, et il en est vraiment désolé. S'est-il excusé auprès des Vietnamiens ? Non. Pas un seul mot d'excuse pour eux. Nous avons tué deux millions de Vietnamiens et détruit le pays. Des Vietnamiens meurent encore de la guerre chimique qu'a lancée McNamara. Mais aucun de ces actes ne lui inspire d'excuses. Les prémisses qui ont justifié la guerre du Vietnam sont acceptées en bloc. Nous essayions de défendre le Sud-Vietnam, mais cela nous coûtait cher, donc nous avons dû arrêter. C'est seulement dans ce cadre-là qu'on peut trouver des critiques.

Il en va de même aujourd'hui pour l'agression contre l'Irak. Les adversaires de la guerre font valoir que Bush ne nous a pas dit la vérité sur les armes de destruction massive. Supposons qu'il nous ait dit la vérité. Qu'est-ce que cela changerait ? Ou supposons qu'il les ait trouvées. Qu'est-ce que cela changerait ? Si l'on veut des armes de destruction, on peut en trouver partout. Prenons Israël. On s'inquiète beaucoup en ce moment de la prolifération des armes nucléaires, et c'est normal. Le *New York Times* de ce matin publie une tribune libre de Mohamed El-Baradei, le directeur général de l'Agence internationale de l'énergie atomique (AIEA), qui déclare d'emblée que la prolifération des armements augmente, ce qui est extrêmement dangereux pour le monde[29]. Oui, elle augmente. Pourquoi ? Pour de nombreuses raisons, mais l'une d'elles est qu'Israël possède des centaines d'armes nucléaires, ainsi que des armes chimiques et biologiques, qui ne sont pas seulement une menace en elles-mêmes mais incitent aussi les autres, en réaction, par légitime défense, à la prolifération. Y a-t-il quelqu'un qui dise quelque chose là-dessus ? Le général Lee Butler, l'ancien commandant en chef du Strategic Air Command, avait reconnu l'existence du problème dans un discours il y a quelques années. « Il est extrêmement dangereux, avait-il dit, que, dans le chaudron de colères que nous appelons Moyen-Orient, un pays se soit doté, semble-t-il, de stocks d'armes nucléaires, peut-être plusieurs centaines ; et cela inspire à d'autres pays l'idée d'en faire autant[30]. » Il n'a pas nommé le pays en question, mais il est clair qu'il voulait parler d'Israël.

Il y a quelques jours seulement, le principal journal israélien, *Haaretz*, dans son édition en hébreu – ce n'était pas dans l'édition en anglais –, a publié une fuite très intéressante d'une source militaire non identifiée : elle est obscure, mais devrait éveiller la curiosité de tous ceux qui s'intéressent à la prolifération. Selon cette fuite, les États-Unis fournissent à l'aviation israélienne un *himush « myuhad »* – un « armement "spécial" » –, ce qui pourrait bien être un mot codé pour dire : ogives nucléaires adaptées aux avions américains technologiquement avancés que possède Israël[31]. Peut-être les journalistes et commentateurs aux États-Unis ne veulent-ils pas aborder le sujet, mais vous pouvez mettre votre main à couper que les services secrets iraniens lisent ces fuites. Et comment vont-ils réagir ? Par la prolifération.

Si l'on veut s'inquiéter des pays qui ont des armes de destruction massive, inutile d'aller chercher très loin. Les États-Unis eux-mêmes sont en train d'accroître la prolifération en dénonçant des traités, en bloquant tous les efforts pour arrêter la militarisation de l'espace, en développant ce qu'ils appellent des *mini-nukes*, qui sont en fait des armes nucléaires de destruction massive. Dans son article, El-Baradei dit poliment que nous devrions essayer de mettre en œuvre le traité qui interdit le transfert des matériaux nécessaires pour produire de l'uranium enrichi. Ce qu'il ne dit pas, c'est que le monde s'efforce de le faire depuis un certain temps, mais que l'administration Bush ne participe pas.

À elle seule, la militarisation de l'espace est un problème extrêmement grave. Les commissions de désarmement des Nations unies sont paralysées depuis des années : depuis que l'administration Clinton a refusé des mesures qui auraient interdit de militariser l'espace. Juste après l'annonce en fanfare de la Stratégie de sécurité nationale, en septembre 2002, a été faite une autre annonce encore plus importante, peut-être, mais que la presse n'a pas reprise. L'Air Force Space Command, qui est chargé des armes avancées – nucléaires et autres – de l'ère spatiale, a publié ses projections sur plusieurs années, et il y disait que les États-Unis allaient passer du « contrôle » de l'espace à sa « propriété »[32]. La propriété de l'espace, cela signifie qu'aucun défi potentiel à la mainmise américaine sur l'espace ne sera toléré. Si quelqu'un nous défie, nous le détruirons.

Que veut dire « propriété de l'espace » ? C'est expliqué en détail dans des documents de haut niveau, certains connus par des fuites, d'autres publics. Cela veut dire des plates-formes dans l'espace portant des armes extrêmement destructrices, dont des armes nucléaires et laser, qui pourront être lancées instantanément, sans avertissement, partout dans le monde. Cela veut dire des drones hypersoniques qui maintiendront le monde entier sous photosurveillance, avec des appareils à haute résolution capables de vous dire si une voiture circule dans une rue d'Ankara ou tout ce qui pourra vous intéresser – autrement dit, le monde entier sera sous surveillance [33]. Nous n'aurons probablement même pas besoin de bases avancées, en définitive : les États-Unis auront les moyens de lancer des attaques à partir d'un poste de commandement situé dans les montagnes du Colorado ou du Montana.

Comment croyez-vous que le monde va réagir ? La Russie et la Chine ont déjà réagi en augmentant leurs dépenses militaires en armes offensives. La Russie a fait passer son système de missiles au lancement sur alerte – la riposte automatisée. Le programme d'armement nucléaire russe a toujours été extrêmement dangereux, mais aujourd'hui, avec la détérioration des systèmes de commandement et de contrôle, il est encore plus dangereux [34]. Si vous voulez mesurer à quel point, sachez qu'en 1995 nous ne sommes passés qu'à quelques minutes d'une guerre nucléaire. Les systèmes informatisés russes ont interprété le lancement d'une fusée scientifique en Norvège comme une première frappe et sont entrés en action. Heureusement, Boris Eltsine a annulé l'attaque [35]. Et aujourd'hui, les systèmes russes sont bien pires. Les Chinois aussi ont réagi. Je ne serais pas du tout surpris si la mise en orbite d'un astronaute par les Chinois était une réponse aux desseins américains sur l'espace, pour leur envoyer le message : « Nous n'allons pas vous laisser posséder l'espace. » Et ce pourrait être très dangereux.

Pendant ce temps, les États-Unis ont adopté une posture stratégique bien plus agressive. On dépense davantage aujourd'hui pour la « défense missiles », comme on l'appelle. Mais tout le monde interprète le bouclier antimissile comme une arme offensive, conçue pour protéger des représailles à une première frappe américaine. Et tout le monde sait comment vont réagir les autres pays : en augmentant leurs moyens militaires offensifs. L'autre réponse possible est le terrorisme. Telles sont les armes dont disposent les cibles potentielles d'une attaque américaine. Donc, nous poussons à une aggravation du terrorisme, à une aggravation de la prolifération, à une aggravation des menaces contre le peuple des États-Unis. C'est la conséquence de ces programmes, et ce n'est pas un grand secret. Pourquoi le faire ? Parce que c'est payant à court terme. Si c'est désastreux à long terme, ce sera le problème de quelqu'un d'autre.

La même logique est à l'œuvre dans d'autres domaines. L'inquiétude pour le réchauffement de la planète est à présent si forte que même le Pentagone publie des études sur la gravité de cette menace dans les vingt ou trente prochaines années[36]. Selon l'une des prédictions sérieuses, il pourrait y avoir un arrêt soudain du Gulf Stream *, qui transformerait l'Europe du Nord en Labrador ou en Groenland et peut-être une grande partie des États-Unis en désert[37]. La hausse du niveau de la mer pourrait faire disparaître le Bangladesh et tuer on ne sait combien de gens. Les terres les plus fertiles du Pakistan pourraient devenir un Sahara[38]. Tout cela aurait des effets indescriptibles. Faisons-nous quelque chose à ce sujet ? Non. Nous nous en fichons. Je veux dire que les décideurs s'en fichent. Cela ne fait pas partie de leur cadre de réflexion. Quand on est directeur d'entreprise, on ne se soucie pas de ce qui va se passer dans dix ans. On doit tout faire pour avoir ses grosses primes et ses stock-options l'an prochain, pas dans dix ans. L'avenir, ce sera la tâche de quelqu'un d'autre. Cette idéologie

* Le Gulf Stream fonctionne comme un tapis roulant : un courant marin chaud superficiel remonte du golfe du Mexique vers le Groenland, jouant un rôle essentiel dans le climat tempéré de l'Amérique du Nord et de l'Europe ; lorsque ces eaux arrivent au nord, leur refroidissement et leur salinité les font couler au fond, où elles sont aspirées dans l'autre sens : un courant froid et profond repart donc jusqu'au golfe du Mexique, et c'est lui qui, en remontant et en se réchauffant, impulse le courant chaud de surface vers le nord. Si le réchauffement de la planète fait fondre partiellement les glaces du Groenland et de l'Arctique, il va envoyer quantité d'eau douce et un peu plus chaude dans l'océan à l'extrémité nord du Gulf Stream : la température va augmenter, la salinité va diminuer, donc les eaux risquent de ne plus couler au fond, ce qui arrêterait le tapis roulant et provoquerait un refroidissement brutal du climat nord-américain et européen [*NdT*].

fanatique est inhérente à la structure institutionnelle. On ne peut même pas la reprocher aux individus, pas plus qu'on ne peut blâmer McNamara d'avoir effectué une analyse de rentabilité pour maximiser le nombre de civils japonais à assassiner. C'est comme ce qu'a dit Hannah Arendt sur Adolf Eichmann [39]. Chacun fait son travail. Le reste n'est pas de son ressort.

Mais ces gens à la vue courte ont des enfants, des petits-enfants. Ne compromettent-ils pas totalement leur avenir ?

Regardez notre histoire récente. Vers 1950, les États-Unis étaient en parfaite sécurité. Il n'y avait aucune menace en vue – sauf une menace *potentielle* : les missiles balistiques intercontinentaux porteurs d'ogives thermonucléaires. Ils n'existaient pas encore, mais on commençait à les mettre au point. Et ils allaient constituer une menace contre le territoire des États-Unis – ils pourraient l'anéantir, en fait. Si vous vous souciez de vos enfants et de vos petits-enfants, ne faites-vous pas quelque chose pour empêcher ce danger de se concrétiser ? Aurait-on pu faire quelque chose ? On n'a pas essayé, donc nous n'en savons rien. Mais il est certain qu'au strict minimum on aurait pu explorer l'idée d'interdire par traité le développement de ces armes. En fait, les Russes auraient peut-être signé un tel traité. Ils étaient si loin derrière technologiquement, si légitimement effrayés et menacés qu'ils auraient très bien pu accepter de ne pas développer ces armements. Et ils comprenaient aussi (nous le savons depuis que les archives russes sont accessibles) que les États-Unis, par leurs énormes dépenses militaires, essayaient de les détruire économiquement en les obligeant à entrer dans une course aux armements à laquelle ils ne pourraient pas survivre – n'oublions pas que leur économie était bien plus réduite que la nôtre. Il est donc possible, voire probable, qu'ils auraient accepté ce traité. Que dit la recherche historique sur ce point ? Dans l'histoire qui fait généralement autorité, McGeorge Bundy, conseiller à la Sécurité nationale qui a eu accès aux archives déclassifiées, note, juste en passant, qu'il n'a pas réussi à trouver la moindre mention ne serait-ce que de la possibilité d'envisager cette option [40]. Ce n'est pas qu'elle ait été suggérée et rejetée. Il dit qu'elle n'a pas été évoquée. Fallait-il être un génie pour comprendre, au début des années 1950, que la seule menace potentielle contre les États-Unis était celle-là, et qu'elle pouvait annihiler nos petits-enfants ? Non, il suffisait d'avoir l'intelligence et la connaissance du monde d'un lycéen ordinaire. Ce n'étaient pas des imbéciles, Dean Acheson, Paul Nitze, George Kennan et les autres. Mais cela ne leur est pas venu à l'idée, parce qu'ils avaient des objectifs plus importants, par exemple maximiser la puissance et la supériorité à court terme des États-Unis.

Que dites-vous au lecteur qui pense : « Ce sont des problèmes gigantesques. Que puis-je faire, individuellement ? »

Nous pouvons faire énormément. On ne va pas nous jeter en prison et nous torturer. On ne va pas nous assassiner. Nous avons d'immenses privilèges et une liberté fantastique. Donc des possibilités illimitées. Après chaque conférence que je donne aux États-Unis, des gens viennent me dire : « Je veux que ça change. Que puis-je faire ? » Je n'ai jamais entendu cette question chez les paysans du sud de la Colombie, chez les Kurdes en butte à une terrible répression dans le sud-est de la Turquie, chez tous ceux qui souffrent. Ils ne demandent pas ce qu'ils peuvent faire, ils disent ce qu'ils sont en train de faire. En un sens, par leur ampleur même, notre liberté, notre situation privilégiée sont porteuses d'un sentiment d'impuissance : c'est un phénomène étrange mais frappant. Le fait est que nous pouvons faire à peu près n'importe quoi. Trouver des organisations qui travaillent d'arrache-pied sur les problèmes qui nous préoccupent et y adhérer ne présente aucune difficulté. Mais ce n'est pas la réponse que veulent entendre les gens.

C'est que la vraie question qu'ils posent, je crois, est différente : « Pour en finir avec ces problèmes, que puis-je faire qui soit rapide et facile ? » Je suis allé à une manifestation et rien n'a changé. Quinze millions de personnes sont descendues dans la rue le 15 février 2003 et Bush a tout de même fait la guerre ; c'est désespérant. Mais ce n'est pas ainsi que ça marche. Si l'on veut que ça change dans le monde, il faut être là, jour après jour, à faire ce travail assommant, direct : intéresser une ou deux personnes à un problème, agrandir un peu une organisation, mettre en œuvre la prochaine initiative, connaître la frustration et finalement aboutir à quelque chose. C'est ainsi que le monde change. C'est ainsi que l'on se débarrasse de l'esclavage, c'est ainsi que l'on obtient les droits des femmes, c'est ainsi que l'on obtient le droit de vote, c'est ainsi que l'on obtient la protection sociale des travailleurs. Tous les acquis tangibles sont venus de ce type d'effort, pas de gens qui sont allés à une manifestation puis se sont découragés parce qu'il ne s'est rien passé après, ou qui sont allés voter tous les quatre ans et sont rentrés chez eux. C'est bien de mettre au pouvoir un meilleur candidat – ou peut-être un moins mauvais –, mais c'est le début, pas la fin. Si l'on s'en tient là, on aurait aussi bien pu ne pas voter. Si l'on ne contribue pas à une culture démocratique vivante, permanente, capable de faire pression sur les candidats, ils ne feront pas ce pour quoi on les a élus. Mettre un bout de papier et rentrer chez soi ne va rien changer.

5.

Histoire et mémoire

Cambridge, Massachusetts (11 juin 2004)

Pouvez-vous me parler du tableau accroché dans votre bureau ? Il est plutôt sinistre.

Il représente l'ange de la mort debout sur l'archevêque du Salvador, Oscar Romero, qui a été assassiné en 1980[1]. Romero a été tué quelques jours seulement après avoir écrit une lettre au président Jimmy Carter pour le supplier de ne pas envoyer à la junte militaire du Salvador une aide qui servirait à écraser un peuple luttant pour ses droits humains élémentaires[2]. L'aide a été envoyée, et Romero assassiné. Puis Ronald Reagan est arrivé au pouvoir. Ce qu'on peut dire de plus aimable sur

Reagan, c'est qu'il ne savait peut-être pas quelles étaient les politiques de son administration, mais je vais faire comme s'il le savait. Les années Reagan ont été une période de dévastation et de désastre au Salvador. 70 000 personnes massacrées, peut-être[3]. La décennie s'est ouverte sur l'assassinat de l'archevêque, elle s'est fermée, assez symboliquement, sur le terrible meurtre de six grands intellectuels latino-américains, des prêtres jésuites : ils ont été victimes d'un bataillon d'élite entraîné, armé et dirigé par les États-Unis, qui laissait derrière lui une longue traînée sanglante de meurtres et de massacres[4]. Sur le tableau, on voit ces prêtres, ainsi que leur cuisinière et sa fille, qui ont été assassinées aussi. Parmi mes visiteurs, tous ceux qui viennent du sud du Rio Grande reconnaissent l'image, mais presque aucun de ceux qui vivent au nord.

Quand des ennemis commettent des crimes, ce sont des crimes. Nous pouvons d'ailleurs les exagérer et mentir à leur sujet avec une impunité totale. Quand nous commettons des crimes, ils n'ont pas eu lieu. Et nous en avons une illustration très frappante : le culte de Reagan, cette adoration créée par une campagne de propagande massive. L'administration Reagan a été un régime de meurtres, de brutalité et de violence, qui a ravagé plusieurs pays et fait probablement 200 000 morts en Amérique latine, en laissant des centaines de milliers d'orphelins et de veuves. Mais ici, on ne peut pas le dire. Tout cela n'a pas eu lieu.

L'homme chargé de l'une des composantes de ce

terrorisme, la guerre des contras au Nicaragua, était John Negroponte, qu'on appelait le « proconsul » du Honduras. Negroponte était l'ambassadeur des États-Unis au Honduras, pays qui servait de base à l'armée terroriste d'agression contre le Nicaragua. En tant que proconsul, il avait deux tâches. Premièrement, mentir au Congrès sur les atrocités commises par les services de sécurité du Honduras, afin que l'aide militaire continue à affluer dans ce pays. Deuxièmement, superviser les camps où l'armée mercenaire était armée, organisée et entraînée à commettre des atrocités – pour lesquelles elle a été condamnée par la Cour internationale de justice. Aujourd'hui Negroponte est le proconsul d'Irak. Le *Wall Street Journal* a eu le mérite de souligner dans un article qu'il allait en Irak en « proconsul moderne » et avait appris son métier au Honduras au début des années 1980[5]. Au Honduras, ajouterai-je, il était chargé de gérer la plus grande station de la CIA du monde. Il gère maintenant la plus grande ambassade du monde. Mais tout cela n'a pas eu lieu et ne compte pas, parce que c'est nous qui l'avons fait. Et c'est une raison suffisante pour l'effacer de l'histoire.

Le New York Times *d'aujourd'hui est entièrement sous le signe de la solennité et du cérémonial des funérailles nationales dont on honore le président Reagan, cet homme qui a qualifié les contras du Nicaragua d'« équivalent moral des Pères fondateurs*[6] *». Dans l'article à la une, « L'héritage de Reagan entame l'épreuve du temps », R.W. Apple, Jr.*

parle de ses « dons politiques extraordinaires », dont « ses talents de communicateur, sa compréhension intuitive de l'Américain moyen, sa cordialité permanente »[7].

Dans l'article de R.W. Apple, qui est typique, toute l'histoire des atrocités reaganiennes est entièrement effacée. Prenons l'Afrique, par exemple. Pendant les années Reagan, l'administration suivait envers l'Afrique du Sud une politique d'« engagement constructif ». Il y avait une forte opposition à l'apartheid à l'époque, et le Congrès avait adopté une loi interdisant l'aide à l'Afrique du Sud. Les reaganiens devaient trouver moyen de contourner cette loi du Congrès, car ils voulaient, en fait, accroître leur commerce avec l'Afrique du Sud. Alors, ils ont dit que celle-ci se défendait contre l'un des « groupes terroristes les plus notoires » de la planète – l'ANC de Nelson Mandela[8]. Ce fut une période de massacres, de dévastation, de destruction. Tout est effacé.

L'un des événements qui se sont produits sous l'administration Reagan a été l'invasion de Grenade. Ce jour-là, 25 octobre 1983, vous étiez à Boulder, Colorado, et vous avez commencé votre causerie par la phrase : « La dernière en date des interventions américaines, ce matin, est l'île de Grenade. » La construction d'un aéroport à Grenade, avait dit Reagan, « ne peut être perçue que comme une pro-

jection de puissance soviétique et cubaine dans la région[9] ».

Ce que l'on peut dire de plus aimable sur Reagan, je le répète, c'est qu'il ne savait probablement pas ce qu'il disait. Ses textes venaient de ses rédacteurs de discours – et ses plaisanteries aussi, soit dit en passant. Mais supposons qu'il le savait : il soutenait que Grenade était une tête de pont soviéto-cubaine parce que quelques maçons cubains, dans le cadre d'un projet d'aménagement élaboré par les Britanniques et avec leur aval, construisaient un aéroport. Les Russes, s'ils réussissaient à trouver Grenade sur une carte, allaient sûrement l'utiliser comme base aérienne pour attaquer les États-Unis.

Reagan était un pleutre incroyable ! Quelqu'un qui peut croire qu'une base aérienne à Grenade pourrait être utilisée pour attaquer les États-Unis n'atteint même pas le niveau du plus ridicule des crétins. Et il en a fait autant pour le Nicaragua. Il a déclaré un état d'urgence national parce que le gouvernement du Nicaragua représentait « une menace inhabituelle et extraordinaire pour la sécurité nationale et la politique étrangère des États-Unis[10] ». Après quoi il a expliqué que le Nicaragua était « un sanctuaire privilégié pour les terroristes et les éléments subversifs à deux jours de voiture seulement de Harlingen, Texas[11] ». Quand on entend ça, on ne sait trop s'il faut rire ou pleurer. Mais il faut pleurer, car tout cela s'inscrivait dans un processus qui a détruit le Nicaragua et fait beaucoup de mal aux États-Unis.

Reagan a dit qu'il intervenait à Grenade pour sauver la vie aux étudiants de l'école de médecine de l'université de Saint George.

C'était la version officielle : les États-Unis protégeaient les étudiants américains de l'école de médecine [12]. Cuba a immédiatement proposé de négocier l'ensemble de la question, mais son offre a été tue par les médias. On a laissé filtrer l'information après, discrètement, quand c'était trop tard. Et, bien sûr, la vraie raison de l'invasion n'avait rien d'obscur. Deux ou trois jours avant, un attentat au Liban avait tué 240 Marines. Il fallait dissimuler la chose par un geste grandiose : celui qui nous protégeait de la destruction par Grenade. Après l'invasion, Reagan s'est levé et a dit : « Nos jours de faiblesse sont finis. Nos forces militaires sont à nouveau debout, et elles en imposent [13]. »

Par parenthèse, l'idée selon laquelle Reagan touchait une corde sensible dans le peuple américain est fausse. Il n'a pas été un président populaire. Même la presse doit parfois l'avouer, à présent. Regardez les sondages Gallup. Les taux de popularité de Reagan pendant ses mandats ont été en gros moyens, et inférieurs à ceux de tous ses successeurs, sauf Bush II. En 1992, Reagan était devenu l'ancien président vivant le plus impopulaire après Richard Nixon [14]. Puis il y a eu, pendant une dizaine d'années, une immense campagne de propagande pour le muer en demi-dieu, et elle a eu quelque succès. Si l'on suit les progrès de cette campagne tout en vérifiant les résultats des sondages, on constate que le respect pour le dirigeant impérialiste s'est accru avec l'essor de la campagne. Il est vrai que les gens sont sensibles à la propagande impériale.

Ces funérailles nationales, aujourd'hui à Washington, sont bien curieuses. Comme l'a souligné le *New York Times*, elles suivent le script d'un programme funéraire de trois cents pages qui précise dans tous les détails ce qui doit se passer à chaque minute de la cérémonie impériale [15]. Il n'y a jamais rien eu de tel dans l'histoire américaine. Les funérailles de John F. Kennedy ont été totalement différentes ; elles suivaient l'assassinat d'un président vivant. Pour trouver quelque chose de comparable, il faudrait remonter au culte extravagant de George Washington qui s'était développé au début du XIXe siècle. On a fait de Washington l'être humain parfait, la créature la plus éblouissante qui eût jamais marché sur la face de la terre, tout à fait dans le style de ce qui se dit en Corée du Nord sur Kim Il Sung. C'était pendant la période où l'on s'efforçait de créer un pays unifié à partir des colonies séparées. Jusqu'à la guerre de Sécession, en gros, *United States* était un pluriel, pas un singulier – les *États* qui sont unis. Forger une nation exigeait un très gros effort de propagande, en particulier à l'aune des critères du XIXe siècle. Mais, entre cette époque et aujourd'hui, il n'y a rien eu de comparable au culte de Reagan.

Votre bureau, dans ce bâtiment neuf du MIT, se trouve en face d'un autre bâtiment neuf qu'on appelle le Center for Learning and Memory. On ne peut que conjecturer ce qui s'y passe. Mais j'aimerais que vous parliez de la mémoire et de la connaissance de l'histoire comme outils de résistance à la propagande.

On avait parfaitement compris, longtemps avant George Orwell, qu'il fallait réprimer la mémoire. Et pas seulement la mémoire, mais aussi la conscience de ce qui se passe sous nos yeux, car, si la population comprend ce qu'on est en train de faire en son nom, il est probable qu'elle ne le permettra pas. C'est la raison principale de la propagande. Sinon, elle ne s'expliquerait pas. Pourquoi ne pas dire la vérité, tout simplement ? Il est plus facile de dire la vérité que de mentir. On ne se fait pas prendre. Cela ne demande aucun effort. Mais les systèmes de pouvoir ne disent jamais la vérité, s'ils peuvent l'éviter, pour la bonne raison qu'ils ne font pas confiance à l'opinion publique.

Le 27 mai, le *New York Times* a publié un article sur les conversations entre Henry Kissinger et Richard Nixon, qui comprennent l'une des phrases les plus incroyables que j'aie jamais lues. Kissinger s'est battu avec beaucoup d'énergie devant les tribunaux pour tenter de faire interdire la publication des transcriptions, mais la justice l'a autorisée. On les parcourt, et on découvre qu'à un moment Nixon a fait savoir à Kissinger qu'il voulait lancer une grande attaque contre le Cambodge, déguisée en convoi aérien d'approvisionnement. Il a dit : « Je veux qu'ils frappent tout. » Et Kissinger a transmis l'ordre au Pentagone : il fallait « effectuer une campagne de bombardements massifs au Cambodge. Tout ce qui vole contre tout ce qui bouge [16] ». C'est l'appel le plus explicite à ce que nous appelons « génocide », quand d'autres le font, que j'aie jamais vu dans des archives historiques.

À l'heure où je parle, le procès de Slobodan Milosevic, l'ancien président de la Yougoslavie, est en cours, et les procureurs sont un peu en difficulté parce qu'ils n'arrivent pas à trouver d'ordre direct reliant Milosevic à une atrocité majeure sur le terrain en Bosnie. Supposons qu'ils découvrent une déclaration de Milosevic où il dirait : « Frappez tout ! Tout ce qui vole sur tout ce qui bouge ! » Le procès serait fini. Milosevic écoperait de plusieurs condamnations à la prison à vie. Mais ils ne peuvent trouver aucun document de ce type.

Les transcriptions Nixon-Kissinger ont-elles suscité des réactions quelconques ? Quelqu'un les a-t-il remarquées ? J'ai fait ce commentaire dans plusieurs conférences, et j'ai constaté que mes auditeurs ne semblaient pas le comprendre. Ils le comprenaient peut-être à l'instant où je le disais, mais pas cinq minutes après, car c'était trop inacceptable. Nous ne pouvons pas être des gens qui appellent ouvertement, publiquement au génocide, puis le réalisent. Ça ne se peut pas. Donc ce n'est pas arrivé. Par conséquent, on n'a même pas besoin de l'effacer de l'histoire : cela n'entrera jamais dans l'histoire.

Dans le chapitre de votre livre Guerre en Asie *intitulé « Des crimes de guerre », vous citez l'introduction de Bertrand Russell au rapport du Tribunal international pour les crimes de guerre au Vietnam : « Il est dans la nature de l'impérialisme, dit Russell, que les citoyens de la puissance impérialiste soient toujours les derniers à être informés – ou à se soucier – de ce qui se passe dans les colonies*[17]. »

Je ne suis pas d'accord avec Russell quand il dit que les citoyens de la puissance impériale sont les derniers à s'en soucier. À mon avis, ils s'en soucient, et c'est pour cela qu'ils sont les derniers informés. Ils sont les derniers à savoir parce que des campagnes de propagande massives les en empêchent. La propagande peut être explicite ou muette. Quand on se tait sur ses propres crimes, c'est aussi de la propagande. Et s'il y a propagande, des deux types, c'est justement parce que les gens se soucient de ce qui se passe, et que, s'ils découvraient la vérité, ils ne laisseraient pas faire. D'ailleurs, nous le voyons de nos yeux aujourd'hui. On ne le lit pas dans les grands titres, mais prenons les derniers événements à Falloujah, en Irak. Les Marines ont envahi Falloujah et tué on ne sait combien de gens, mais probablement des centaines[18]. Nous ne faisons jamais d'enquêtes sur nos propres victimes, donc nous ne connaissons pas les chiffres. Les États-Unis ont dû reculer et, même si personne ne le dira, ils ont *de facto* reconnu leur défaite. Les Marines ont remis la ville à une force qui est, au fond, l'ancienne armée de Saddam Hussein. Pourquoi cela s'est-il produit ? Supposons qu'il y ait eu un assaut comme celui-ci dans les années 1960. Le problème aurait été réglé très simplement, par les B 52 et des opérations terrestres massives pour raser totalement l'endroit. Pourquoi l'armée américaine ne l'a-t-elle pas fait cette fois-ci ? Parce que l'opinion ne le tolérerait pas.

Dans les années 1960, le pouvoir exécutif était si fort que le gouvernement pouvait faire n'importe quoi sans avoir à en souffrir. Comme si notre droit de massacrer et de détruire à volonté allait de soi. Il n'y a donc eu pratiquement aucune protestation contre la guerre du Vietnam pendant des années, et des opérations comme celle de Falloujah avaient lieu en permanence. Mais c'est fini. L'opinion publique ne le tolérera plus. C'est l'une des grandes raisons pour lesquelles les États-Unis ne peuvent plus mener le genre d'opérations meurtrières dont ils étaient naguère tout à fait capables.

J'ai passé beaucoup de temps à lire les archives gouvernementales déclassifiées. On a sous les yeux les documents secrets des États-Unis ou, dans la mesure où je les connais, des autres pays. S'ils protègent des secrets, à qui les cachent-ils ? Essentiellement à leur propre population. Un très faible pourcentage de ces documents internes a un rapport quelconque avec la sécurité, si large que soit la définition qu'on lui donne. Les dirigeants qui les écrivent ont une tout autre priorité : veiller à ce que l'ennemi principal – c'est-à-dire leur propre population – reste dans le noir sur ce que font les puissants. Et pourquoi ? Parce que le pouvoir – pouvoir d'entreprise comme pouvoir d'État ou pouvoir doctrinal – a peur que les gens se soucient vraiment de ce qui se passe, et conclut qu'il faut, comme l'a dit Edward Bernays, manipuler délibérément leur vision des choses et leurs croyances.

Juin 2004 marque le cinquantième anniversaire du coup d'État américain qui a renversé le gouvernement démocratiquement élu de Jacobo Arbenz au Guatemala[19]. *Après son succès, Dwight D. Eisenhower a dit à Allen Dulles et à d'autres hauts responsables : « Merci à vous tous. Vous avez évité l'installation d'une tête de pont soviétique sur notre continent*[20]. *» Stephen Schlesinger et Stephen Kinzer ont écrit un livre intitulé* Bitter Fruit *[Fruit amer]*[21] *sur ce coup d'État. « L'un des épisodes les plus noirs de l'histoire de la CIA*[22] *», a dit Schlesinger dans un article de la revue* The Nation. *Que pensez-vous de ce qui s'est passé au Guatemala ?*

Bitter Fruit est un bon livre. Mais le coup d'État n'a pas été une page noire de l'histoire de la CIA. La CIA a agi, comme toujours, en institution au service de la Maison-Blanche, chargée de mener à bien des actions qu'on puisse « démentir de façon plausible ». C'est à la CIA qu'incombe la responsabilité de commettre les crimes et les atrocités – et, si une opération tourne mal, on peut toujours la mettre au compte d'éléments « incontrôlés » en son sein. Mais c'est pour rire. On aurait du mal à trouver un seul cas où la CIA a agi hors d'un mandat présidentiel. Et, pour le renversement d'Arbenz, c'est Eisenhower qui a donné les ordres. Quant au risque de transformation du Guatemala en tête de pont soviétique, Eisenhower savait parfaitement que son administration s'était dépensée avec la dernière énergie pour forcer le Guatemala à accepter des armes d'Europe de l'Est. Le Guatemala avait un gouvernement démocratique, auquel les États-Unis étaient farouchement opposés. Un poète guatémaltèque a appelé ce bref interlude « Années de printemps dans un pays d'éternelle tyrannie [23] ».

Après le renversement de la dictature de Jorge Ubico Castañeda en 1944, le Guatemala a enfin eu un authentique gouvernement démocratique, auquel sa politique sociale progressiste valut un immense soutien populaire. Pour la première fois, le gouvernement mobilisait les paysans pour qu'ils participent au système politique. Une démocratie réelle se développait, qui aurait pu influencer d'autres pays d'Amérique latine. Les États-Unis voyaient là un crime incroyable. Dulles et Eisenhower, dans des discussions secrètes, étaient profondément inquiets. Ils craignaient que le Guatemala ne soutienne des grèves dans le Honduras voisin, ou n'apporte son aide à José Figueres, la figure de proue de la démocratie en Amérique centrale, qui œuvrait à renverser une dictature au Costa Rica. Quand les États-Unis ont menacé de l'attaquer, le Guatemala a sollicité une assistance militaire de l'Europe, mais les États-Unis l'ont bloquée. Finalement, pour se défendre d'une attaque de la superpuissance continentale, le Guatemala a commis l'erreur tactique d'accepter l'aide militaire du seul pays qui voulait bien lui en donner : la Tchécoslovaquie. Alors, le gouvernement des États-Unis a découvert triomphalement que des armes tchèques entraient au Guatemala, ce qui a été présenté à grand bruit comme une menace contre les États-Unis. Comment ceux-ci pouvaient-ils survivre si le Guatemala avait quelques fusils tchécoslovaques ? Cela a servi de prétexte à l'invasion.

Bien que nous ayons quantité d'informations sur le Guatemala, ce que nous savons est encore tout à fait limité. L'une des raisons en est que les reaganiens, qui n'étaient pas des conservateurs mais des étatistes ultraréactionnaires, ont empêché la déclassification normale des archives, qui aurait éclairé davantage cette période. En général, la loi américaine exige que le département d'État déclassifie les archives et les communique au public au bout de trente ans. L'administration Reagan l'a empêché, parce qu'elle ne voulait pas que l'opinion sache ce qui s'était passé au Guatemala en 1954 et en Iran en 1953 [24]. Les gens allaient peut-être apprendre la vérité sur ce que préparait l'État, et la trouver inadmissible.

Le journal de référence, le New York Times, *a joué un rôle dans le coup d'État de 1954 au Guatemala. Le directeur de la CIA lui a demandé de ne pas confier le sujet à son correspondant Sydney Gruson, et l'éditeur du journal, Arthur Hays Sulzberger, a obtempéré*[25].

Le *New York Times* a été le chef de chœur des acclamations qui ont accueilli le coup d'État au Guatemala, et il a aussi applaudi celui de l'Iran en 1953. Thomas McCann, le responsable aux relations publiques de la compagnie United Fruit, a d'ailleurs écrit un intéressant ouvrage à ce propos, *An American Company*. Il y décrit les efforts de propagande orchestrés par Edward Bernays pour persuader le public et la presse de soutenir le coup d'État. Sur quoi il observe : « Il est difficile de faire une démonstration convaincante de la manipulation de la presse quand les victimes se révèlent si avides d'en faire l'expérience[26]. »

Le livre de l'auteur et militant pakistanais Eqbal Ahmad, Terrorism : Theirs and Ours *[Leur terrorisme et le nôtre], porte en couverture une photo de Ronald Reagan assis à la Maison-Blanche avec un groupe de moudjahidin afghans. Cette photo n'a été largement diffusée dans aucun grand média. L'administration Reagan a joué un rôle crucial dans le soutien aux moudjahidin, dont certains se sont ensuite transformés en talibans et en membres d'Al-Qaïda*[27].

Elle a fait plus que les soutenir. Elle les a organisés. Elle a rassemblé des islamistes radicaux du monde entier – les éléments les plus virulents et furieux qu'elle a pu trouver – et elle a essayé d'en faire une force militaire en Afghanistan. Les moudjahidin étaient armés, entraînés et dirigés par les services secrets pakistanais surtout, mais sous la supervision et le contrôle de la CIA, et avec le soutien de la Grande-Bretagne et d'autres puissances. Peut-être aurait-on pu juger l'entreprise légitime si son but avait vraiment été la défense de l'Afghanistan, mais ce n'était pas le cas. En fait elle a probablement prolongé la guerre. Les archives soviétiques suggèrent que Moscou était prêt à quitter l'Afghanistan au début des années 1980. Mais ce n'était pas le but. L'objectif n'était pas d'aider les Afghans, c'était de nuire aux Russes. Les moudjahidin effectuaient des attentats terroristes sur le territoire même de la Russie. Et ces mêmes forces se sont plus tard transformées pour devenir Al-Qaïda. Précisons qu'elles ont cessé leurs actions terroristes contre les Russes quand ceux-ci ont quitté l'Afghanistan, car le but visé par les moudjahidin était bien leur objectif proclamé : protéger des « Infidèles » les terres musulmanes.

Al-Qaïda n'était pratiquement pas mentionnée dans les rapports des services secrets américains jusqu'en 1998. Ce sont les bombardements ordonnés par Clinton cette année-là sur le Soudan et l'Afghanistan qui l'ont vraiment créée comme entité connue dans le monde du renseignement et aussi dans le monde musulman. Ces bombardements ont fait d'Oussama Ben Laden un symbole majeur, provoqué un très vif accroissement du recrutement et du financement des réseaux de style Al-Qaïda, et resserré les liens entre Ben Laden et les talibans, qui jusque-là lui étaient plutôt hostiles. Le bombardement du Soudan, en particulier, a indigné la population dans tout le monde arabe. Encore un moment de l'histoire qui n'a jamais existé parce que c'est nous qui l'avons fait ! Les États-Unis savaient parfaitement qu'ils prenaient pour cible un très grand fabricant de produits pharmaceutiques et vétérinaires dans un pays africain pauvre. Sa destruction allait bien sûr faire des ravages. Combien elle en a fait, nous l'ignorons, puisque, répétons-le, nous n'enquêtons pas sur les résultats de nos crimes, ils nous sont indifférents. Mais, selon les rares estimations crédibles dont nous disposons – l'une vient de l'ambassadeur d'Allemagne, qui l'a publiée dans la dangereuse revue d'extrême gauche *Harvard International Review*, une autre a paru dans le *Boston Globe* –, il paraît plausible que les conséquences du bombardement aient fait plusieurs dizaines de milliers de morts, peut-être plus, peut-être moins[28]. Ici, il n'en est pas du tout question. Si Al-Qaïda faisait sauter la moitié des stocks de produits pharmaceutiques dans un pays qui compte – les États-Unis, l'Angleterre, Israël... –, nous ne dirions pas :

« Écoutez, ce n'est vraiment pas grand-chose. » Mais quand c'est nous qui l'avons fait, c'est un événement mineur et surtout sans conséquences. Si quelqu'un ose ne serait-ce que mentionner l'événement, sa remarque fera hurler et rien de plus, car on n'a même pas le droit de dire que les États-Unis peuvent commettre avec une telle désinvolture des crimes majeurs.

Oussama Ben Laden lui-même n'est devenu anti-américain que vers 1991, pour plusieurs raisons : le refus des États-Unis et de l'Arabie Saoudite de le laisser mener un *djihad* contre Saddam Hussein pendant la première guerre du Golfe ; mais surtout – c'était sa motivation principale – la présence des États-Unis en Arabie Saoudite, où ils disposaient de bases à proximité de deux des villes les plus saintes de l'Islam.

J'ai interviewé Eqbal Ahmad en août 1998, une semaine ou deux après que Clinton eut lancé ses attaques au missile de croisière contre l'Afghanistan et le Soudan. « Oussama Ben Laden, a-t-il dit, est un signe avant-coureur [...]. Les États-Unis ont semé au Moyen-Orient et en Asie du Sud des graines empoisonnées. Elles sont à présent en pleine croissance. Certaines sont arrivées à maturité, d'autres sont en train de mûrir. Il faut se demander pourquoi on les a semées, ce qui a poussé et comment on doit récolter. Les missiles ne résoudront pas le problème[29]. »

C'est un jugement très perspicace. Et d'ailleurs il existe aujourd'hui une très bonne littérature théorique sur la façon dont ces semences se sont développées. Le meilleur livre sur le sujet est *Al-Qaïda,* du journaliste d'investigation britannique Jason Burke, qui confirme ce qu'avait prédit Eqbal Ahmad[30]. Burke soutient qu'Al-Qaïda n'est pas une organisation, mais un réseau d'organisations aux liens très lâches, pratiquement indépendantes, qui ont une idéologie voisine : un « réseau de réseaux ». À en croire le livre de Richard Clarke *Contre tous les ennemis*, les services secrets américains n'ont prêté aucune attention spéciale à Al-Qaïda et à Oussama Ben Laden jusqu'en 1998. En fait, ils n'utilisaient même pas le mot Al-Qaïda[31]. Mais, comme l'avait prédit Eqbal, les bombardements contre le Soudan et l'Afghanistan ont fait d'Al-Qaïda et de Ben Laden des symboles majeurs. Ces attaques, ainsi que l'invasion de l'Afghanistan, ont eu pour effet une forte augmentation du recrutement et du financement des groupes du type Al-Qaïda. « Chacun de nos recours à la force », dit Burke – et il a raison –, « est une petite victoire pour Ben Laden » : cela l'aide à mobiliser la base dont il espère qu'elle assimilera l'Occident à des croisés bien décidés à détruire le monde musulman[32]. La guerre d'Irak a eu exactement le même effet.

Pas plus tard que ce matin, le département d'État a reconnu, pour citer son expression courtoise, « s'être trompé » – c'est-à-dire avoir menti effrontément – quand il a soutenu dans son rapport sur « les structures du terrorisme mondial » que celui-ci avait reculé grâce à Bush [33]. En fait, le terrorisme avait augmenté, admet-il discrètement aujourd'hui, bien qu'on le sache depuis un certain temps [34]. Une partie de ses progrès sont dus à la guerre d'Irak, ce qui était entièrement prévisible. D'ailleurs, services secrets et analystes du renseignement avaient prédit que, si les États-Unis envahissaient l'Irak, cela stimulerait le terrorisme, pour des raisons évidentes [35].

Une étrange pantalonnade agite aujourd'hui Washington et le monde intellectuel : ce qu'on appelle les « révélations » de Richard Clarke, de Paul O'Neill, l'ex-secrétaire au Trésor, et de quelques autres, selon lesquelles les néoconservateurs de l'administration Bush II accordaient plus d'importance à l'invasion de l'Irak qu'à la guerre contre le terrorisme. La seule surprise, ici, c'est qu'on en soit surpris. Comment peut-on être surpris ? N'ont-ils pas envahi l'Irak en sachant que, selon toute vraisemblance, la guerre aggraverait la menace terroriste ? Cela prouve leurs priorités. Point final. De plus, ce sont des priorités parfaitement raisonnables, de leur point de vue. Ils ne se soucient pas tant que cela du terrorisme. Ce qui les intéresse, comme le souligne très justement Chalmers Johnson, c'est d'avoir des bases militaires dans un État client dépendant en plein cœur de la plus grande région productrice de pétrole du monde. C'est cela l'important. Pas parce que les États-Unis veulent ce pétrole physiquement – ils en auront de toute façon, du pétrole, sur le marché –, mais parce qu'ils veulent *avoir le contrôle* du pétrole, ce qui est tout à fait différent. On l'a compris depuis les années 1940 : qui contrôle le pétrole dispose d'un moyen de pression majeur sur ses ennemis. Et les ennemis des États-Unis sont l'Europe et l'Asie. Ce sont les régions du monde qui peuvent s'orienter vers l'indépendance. L'un des moyens de l'empêcher, c'est de garder la main sur le robinet.

Entre deux maux, dit-on, il faut choisir le moindre. Tous les quatre ans, les électeurs américains se trouvent confrontés à un choix de ce genre. Vous avez dit que, pour la prochaine présidentielle, il y a « une fraction » de différence entre George Bush et John Kerry. Certains ont sourcillé. Pouvez-vous en dire plus sur votre position ?

Il y a des différences. Kerry et Bush ont des bases de soutien différentes et des entourages différents. Sur les affaires internationales, je ne m'attends à aucun changement d'orientation majeur si Kerry est élu. Ce serait probablement plus proche des années Clinton, où l'on avait à peu près les mêmes politiques, mais plus modulées, pas si impudentes et agressives, moins violentes. Mais sur les questions intérieures, les résultats concrets pourraient être très sensiblement différents. Les gens qui entourent Bush sont de vrais fanatiques. Ils le montrent tout à fait ouvertement. Ils ne cachent pas leur jeu ; on ne peut pas leur faire ce reproche-là. Ils veulent liquider toute la gamme des acquis progressistes du siècle dernier. Ils se sont déjà plus ou moins débarrassés de l'impôt progressif sur le revenu. Ils s'efforcent de détruire le système existant, fort limité, de santé publique. Ils ont la caisse de retraites publique, la Social Security, dans le collimateur. Ils vont probablement s'en prendre aux écoles. Pas plus que Reagan en son temps ils ne veulent un État réduit. Ils veulent un État énorme, aux ingérences massives, mais qui travaille pour eux. Ils détestent les libres marchés. Ce que fera l'équipe Kerry ne sera pas prodigieusement différent, mais c'est une autre base qu'elle doit mobiliser, et il est bien plus vraisemblable qu'elle conserve une forme limitée de prestations pour la population.

Il y a d'autres différences. Le secteur extrémiste, fondamentaliste religieux, qui est gigantesque, constitue un gros pourcentage de la base populaire de Bush. Il n'y a rien de comparable dans aucun autre pays industriel, et Bush doit continuer à donner des gages à ces gens-là pour conserver leur soutien. Même s'ils se font posséder par ses mesures économiques et sociales, il doit les amener à croire qu'il fait quelque chose pour eux. Mais donner des gages à cette base est très dangereux pour le monde, parce que cela veut dire violence et agression, et aussi pour le pays, parce que cela signifie atteintes graves aux libertés civiles. Kerry et ses amis, bien sûr, n'ont pas vraiment cette base-là. Ils aimeraient bien, mais ils ne pourront jamais la séduire beaucoup. Ils doivent faire appel, d'une manière ou d'une autre, aux travailleurs, aux femmes, aux minorités, etc.

On peut juger que ces différences ne sont pas énormes, mais elles ont des effets très importants sur la vie des gens. Au fond, celui qui dit : « Ça m'est égal si Bush est élu » est en train de dire aux pauvres et aux travailleurs de ce pays : « Ça m'est égal si votre vie est détruite. Ça m'est égal que vous ayez ou non un peu d'argent pour aider votre mère handicapée. Ça m'est égal parce que, de mon point de vue plus élevé, je ne vois pas grande différence entre les deux candidats. » Autant dire : « Ne faites pas attention à moi, car vous ne m'intéressez pas. » Non seulement c'est indéfendable, mais, pour qui espère parvenir un jour à développer un mouvement populaire et une alternative politique, c'est une recette pour le désastre.

6.

La doctrine des bonnes intentions

Cambridge, Massachusetts (30 novembre 2004)

Vous avez évoqué dans vos écrits la « doctrine des bonnes intentions ». De temps à autre, la politique américaine est entachée par les légendaires « mauvais sujets » et « erreurs tragiques », mais fondamentalement l'histoire de notre bonté continue sans interruption.

L'analyse courante, dans les travaux scientifiques comme dans les médias, veut qu'il y ait deux tendances en conflit dans la politique étrangère des États-Unis. La première est ce qu'on appelle l'« idéalisme wilsonien », qui est fondé sur des intentions nobles. L'autre est un sobre réalisme qui nous invite à prendre conscience des limites de nos bonnes intentions : parfois, ces nobles idées ne peuvent se concrétiser convenablement dans le monde réel. Il n'y a que ces deux options-là.

Ce n'est pas seulement aux États-Unis que l'on voit cela. Prenez l'Angleterre. Le *Financial Times* de Londres est probablement le meilleur journal du monde. Il y a quelques jours, il a publié un article très critique sur la politique américaine, signé par l'un de ses principaux éditorialistes, Philip Stephens. Le problème, selon lui, c'est que la stratégie des États-Unis est exagérément dominée par l'idéalisme wilsonien. Il faudrait quelques gouttes de « réalisme à la tête froide » pour tempérer cet ardent dévouement à la démocratie et à la liberté[1].

On ne peut plus douter, poursuit Stephens, que George Bush et Tony Blair sont motivés par leur vision et par leur foi dans la démocratie et les droits humains. Nous le savons parce qu'ils l'ont dit, ce qui le prouve. Mais nous devons être plus réalistes qu'eux : si Bush et Blair se sont voués à ce que la presse appelle « la vision messianique de Bush qui veut greffer la démocratie sur le reste du monde », les Irakiens et les autres peuples du Moyen-Orient, comprenons-le, ne sont peut-être pas capables de s'élever jusqu'aux sommets que nous avons prévus pour eux[2].

Quand les prétextes de l'invasion de l'Irak se sont effondrés – aucune arme de destruction massive, aucun lien entre Al-Qaïda et l'Irak, aucun rapport entre l'Irak et le 11 septembre –, les rédacteurs des discours de Bush ont dû trouver du nouveau. C'est alors qu'ils ont inventé sa vision messianique – apporter la démocratie au Moyen-Orient. Quand Bush a prononcé le discours où il annonçait sa nouvelle vision, le principal commentateur du *Washington Post*, David Ignatius, rédacteur et correspondant respecté, a bien failli tomber à la renverse d'admiration sacrée. Il a défini la guerre d'Irak comme « la plus idéaliste des temps modernes – une guerre dont la seule justification cohérente, malgré tout le battage fallacieux sur les armes de destruction massive et les terroristes d'Al-Qaïda, est d'avoir abattu un tyran et créé la possibilité d'un avenir démocratique ». Cette vision d'un « avenir démocratique » est impulsée, selon Ignatius, par l'« idéaliste en chef », Paul Wolfowitz, qui, de tous les membres de l'administration, a probablement le passé le plus extrémiste de haine passionnée de la démocratie. Mais ça ne compte pas. La preuve : Ignatius accompagnait Wolfowitz quand il est allé dans la ville de Hilla parler aux Irakiens d'Alexis de Tocqueville [3]. Il se trouve que c'est aussi à Hilla qu'a eu lieu le premier grand massacre d'Irakiens par les Américains pendant l'invasion, mais laissons cela aussi [4].

Ignatius, c'est un côté de l'opinion politique. Et vous avez l'autre, les critiques qui disent que cette vision est noble, exaltante, mais que nous devons être plus réalistes, regarder les choses en face : c'est hors de portée, la culture irakienne a trop d'insuffisances, etc. Y a-t-il quelque chose de neuf dans ce débat ? Rien du tout. Il faudrait même se donner bien du mal pour trouver un exemple contraire dans l'histoire. Les Français menaient une « mission civilisatrice » ; Mussolini, avec noblesse, élevait les Éthiopiens. Si nous avions des documents d'archives sur les pensées de Gengis Khan pendant qu'il massacrait des dizaines de millions de gens, nous verrions probablement que lui aussi avait une « noble vision ». Essayez donc de trouver une exception.

Dans Deterring Democracy *[Dissuader la démocratie], vous citez des propos tenus par Winston Churchill à Joseph Staline en 1943 à Téhéran. Churchill a dit que « le gouvernement du monde devait être confié aux nations satisfaites, qui ne souhaitaient rien de plus pour elles que ce qu'elles avaient déjà. Si le gouvernement mondial était aux mains de nations affamées, il y aurait toujours un danger. Mais aucun de nous n'avait aucune raison de vouloir davantage. La paix serait conservée par des peuples qui vivaient à leur manière et n'étaient pas ambitieux. Notre puissance nous plaçait au-dessus des autres. Nous étions comme des hommes riches vivant en paix dans leurs demeures*[5] *».*

Churchill fait exception : c'est l'un des rares dirigeants qui ne passe pas la totalité de son temps à se gargariser de sa noble vision, mais à l'occasion dit la vérité. Juste avant la Première Guerre mondiale, il a soutenu en ces termes, avec l'éloquence qui le caractérise, que la Grande-Bretagne devait augmenter considérablement ses dépenses militaires pour conserver son empire : « Nous ne sommes pas un peuple jeune au passé innocent et au maigre héritage. Nous avons accaparé une part tout à fait disproportionnée de la richesse et des échanges du monde. Territorialement, nous avons tout ce que nous voulons, et notre prétention à jouir sans encombre de nos immenses et splendides possessions, acquises essentiellement par la violence, largement conservées par la force, paraît souvent moins raisonnable aux autres qu'à nous-mêmes[6]. » Voilà ce qu'a dit Churchill au Parlement en 1914, dans un discours découvert longtemps après par l'un de ses biographes, Clive Ponting. Churchill l'avait publié une vingtaine d'années plus tard, mais en coupant toutes les phrases choquantes.

Sur la couverture de l'édition originale de votre livre Guerre en Asie, *publiée chez Pantheon, on voit une remarquable photo en noir et blanc d'un soldat américain[1].*

Un soldat qui tire derrière lui avec une corde un prisonnier vietnamien squelettique et à demi nu.

Passage instantané à Lynndie England en Irak ?

La seule différence, c'est que Lynndie England n'est pas un grand soldat costaud, mais pour le reste c'est la même chose. En fait, on peut remonter aux tableaux sur la conquête du Massachusetts, où nous discutons aujourd'hui, et c'est aussi la même chose. Remonter aux périodes les plus atroces de l'histoire, et c'est pareil. C'est une image universelle du pouvoir sans limites exercé sur d'impuissantes victimes. Parmi les universitaires bien intégrés, nul ne pouvait être plus critique que John King Fairbank, adversaire de la guerre et doyen des études asiatiques. Il a dit que les États-Unis étaient entrés au Vietnam « par excès de vertu et de bienveillance désintéressée [8] ». Si nous avions eu plus de responsables ayant étudié le chinois à Harvard, ils nous auraient expliqué que notre marée de bienveillance magnanime n'allait pas réussir au Vietnam. Voilà pour l'extrême gauche. Ou prenez Anthony Lewis, du *New York Times*, qualifiant la guerre du Vietnam d'« erreur tragique » qui a compromis notre « effort maladroit pour bien faire [9] ». L'expression sonne comme un cliché.

Dans un article paru à la une du New York Times, *« L'ombre du Vietnam sur les raids fluviaux en Irak », John F. Burns écrit que le Vietnam « est rarement évoqué par les soldats américains en Irak, dont beaucoup n'étaient pas nés quand les dernières unités combattantes américaines ont quitté l'Indochine il y a plus de trente ans. Une guerre que l'Amérique n'a pas gagnée est perçue comme un mauvais talisman par ces hommes et femmes qui craignent – ils l'avouent en privé – que la guerre en cours puisse être perdue [10] ».*

D'abord, je suis l'un des rares à ne pas croire que les États-Unis aient perdu la guerre du Vietnam. Ils n'ont pas atteint leurs objectifs maximaux, mais ils ont atteint leurs objectifs majeurs – ce qui est déjà un succès important. Il n'y a aucun moyen qu'un immense et puissant État perde une guerre contre un ennemi sans défense. C'est impossible.

De la fin des années 1940 au moment où Kennedy a lancé la guerre totale, on a beaucoup redouté que le succès d'un Vietnam indépendant puisse être un exemple attrayant pour ses voisins, comme la Thaïlande et l'Indonésie, qui, contrairement au Vietnam, avaient d'importantes ressources naturelles. Mais, au milieu des années 1960, le Sud-Vietnam, qui était la cible principale de l'intervention américaine, avait été pratiquement détruit, et le risque de voir le Vietnam devenir un jour un modèle avait fondamentalement disparu. Comme Bernard Fall, expert respecté de l'histoire militaire et du Vietnam, l'a dit en 1967, l'« extinction » de ce pays en tant qu'entité culturelle et historique était une forte possibilité [11].

Je ne regarde pas souvent la télévision, mais, me trouvant il y a quelques mois dans un hôtel, j'ai vu une émission de CNN sur notre « obsession pour le Vietnam » [12]. Les profonds penseurs présents sur le plateau disaient que toute la campagne présidentielle avait été submergée par un débat sur le Vietnam. La vérité, c'est que le Vietnam n'est même pas entré dans la campagne. Jamais. Quelqu'un a-t-il fait référence à ce qui s'y est vraiment passé ?

Quelqu'un a-t-il demandé ce que John Kerry faisait au Vietnam, sept ans après que Kennedy avait commencé à le bombarder en menant la guerre chimique et en chassant la population, deux ans après que Bernard Fall avait envisagé la possible « extinction » de ce pays ? Personne n'a parlé de tout ça, parce que la ligne devait être : nous avons de bonnes intentions, nous avons fait une erreur, et nous avons perdu parce que nous n'avons pas atteint nos objectifs maximaux. Tout ce qui sort de ce cadre-là est presque inintelligible à un esprit cultivé. Donc, le Vietnam est notre obsession, mais seulement si nous ignorons totalement la guerre du Vietnam.

Aujourd'hui, nous en sommes arrivés au point où le *New York Times* publie à la une des photos et récits de crimes de guerre américains majeurs.

Vous pensez au numéro du 8 novembre 2004 du New York Times, *où l'on voyait des soldats américains occuper un hôpital à Falloujah*[13] ?

Oui. L'un des premiers actes de la conquête de Falloujah a été de prendre l'hôpital général, ce qui était un crime de guerre majeur. Et ils ont donné une raison. La raison, c'est que cet hôpital était « un centre de propagande hostile aux forces alliées » parce qu'il diffusait « des chiffres grossis sur le nombre de victimes civiles »[14]. D'abord, comment savons-nous qu'ils étaient grossis ? Parce que notre « cher leader » l'a dit. Deuxièmement, l'idée même de prendre d'assaut un hôpital parce qu'il publie des chiffres sur les pertes civiles est une infamie. Les conventions de Genève ne pouvaient pas être plus claires. Le texte dit explicitement, sans aucune ambiguïté : « Le personnel sanitaire et religieux sera respecté et protégé. Il recevra toute l'aide disponible dans l'exercice de ses fonctions [...]. Les unités et moyens de transport sanitaires seront en tout temps respectés et protégés et ne seront pas l'objet d'attaques[15]. » Pendant l'assaut contre l'hôpital général de Falloujah, des patients ont été jetés à bas des lits, des médecins et des malades contraints de se coucher par terre et menottés. Il s'agit d'une grave violation des conventions de Genève. En fait, l'ensemble des dirigeants politiques des États-Unis devraient encourir aujourd'hui la peine de mort pour ces actions, aux termes de la loi américaine. Ils sont tous passibles de la peine de mort en vertu du *War Crimes Act*, la loi sur les crimes de guerre votée par le Congrès républicain en 1996[16].

Vous vous souvenez des attaques russes contre Grozny en Tchétchénie en 1999 ? Grozny est une ville du même ordre de grandeur que Falloujah : 300 000 à 400 000 habitants. Les Russes l'ont réduite en cendres par les bombardements, ils l'ont détruite. L'attaque russe contre Grozny a été considérée comme un crime de guerre majeur, et à juste titre. Mais quand nous faisons la même chose à Falloujah, c'est une libération. Les journalistes incorporés parlent des souffrances des Marines : ils ont très chaud, et on leur tire sans cesse dessus. Je ne puis imaginer que la presse russe ou d'ailleurs la presse nazie aient pu faire pire.

The Lancet, *revue médicale britannique respectée, a fait des recherches sur le nombre de morts en Irak depuis l'invasion américaine, et elle a publié des chiffres assez stupéfiants, qui ne semblent pas avoir retenu l'attention de la grande presse.*

The Lancet a effectué une étude sérieuse sur la « surmortalité » due à la guerre : le chiffre le plus probable, évalué de façon très prudente, est selon elle d'environ 100 000 décès[17]. Son échantillon ne comprenait pas Falloujah, où le nombre de morts violentes a été bien plus élevé et aurait considérablement accru le total. Il comprenait en revanche les régions kurdes, où il n'y a eu pratiquement *aucun* combat et qui ont réduit la moyenne nationale. Il s'agit donc probablement d'une évaluation basse. Ce rapport a été signalé dans les médias américains mais en général récusé, bien qu'il ait été réalisé par les techniques habituelles des études épidémiologiques. En Grande-Bretagne, il a suscité un peu plus de protestations, et le gouvernement a été contraint de faire quelques commentaires publics particulièrement stupides. Cette étude n'a aucune valeur, a dit le porte-parole de Tony Blair, parce que « ses résultats reposent sur une extrapolation » – comme dans toutes les études épidémiologiques[18]. Il a ajouté que le ministère irakien de la Santé –

c'est-à-dire le ministère du gouvernement client imposé par les États-Unis et la Grande-Bretagne – donne un chiffre très inférieur[19]. En Angleterre, ils ont dû au moins en discuter. Aux États-Unis, l'étude n'a eu aucun impact.

Est-ce nouveau ? Dans le cas du Vietnam, nous ne connaissons pas le nombre réel des victimes civiles à plusieurs *millions* près – au sens strictement littéral. Les estimations officielles sont d'environ 2 millions, mais le vrai chiffre se situe probablement autour de 4 millions. À ma connaissance, il n'y a eu aux États-Unis qu'un seul sondage d'opinion où l'on a demandé aux gens d'évaluer le nombre des victimes vietnamiennes de la guerre. La réponse moyenne a été 100 000, environ 5 % du chiffre officiel[20]. C'est comme si vous demandiez aux Allemands combien de juifs ont été tués pendant la Seconde Guerre mondiale et qu'ils répondent 300 000. Nous nous dirions qu'il y a vraiment un gros problème en Allemagne, si sa population pensait cela.

Combien la guerre chimique a-t-elle fait de victimes après 1962, quand Kennedy, pour supprimer toute possibilité de soutien indigène à la guérilla, a commencé à détruire les cultures et la couverture végétale en utilisant la dioxine, l'un des produits les plus cancérigènes de la planète ? Les effets de l'agent orange sur les soldats américains ont fait l'objet d'études approfondies. Si, au début, le Pentagone a nié que ce produit chimique ait pu avoir un impact nocif sur les militaires américains, il accepte aujourd'hui les résultats de ces travaux. Mais que dit-on sur le peuple vietnamien, qui en a été arrosé ? Il y a eu une vaste étude au Canada, réalisée par Hatfield Consultants, et certaines grandes figures de la santé publique dans diverses universités américaines ont fait des recherches sur le sujet[21]. L'exposition à la dioxine est étroitement corrélée à l'apparition de cancers et d'autres horreurs, dont la naissance d'enfants sans bras et sans cerveau. Personne ne connaît vraiment les chiffres, mais les estimations grossières se situent peut-être à un demi-million ou un million de morts vietnamiens pour la seule guerre chimique.

Au Vietnam, on a un test impressionnant des effets de la dioxine, parce que l'agent orange n'a été utilisé que dans le Sud. Les gens ont les mêmes gènes dans le Nord. Les hôpitaux de Hanoi ne sont pas pleins de bocaux contenant des fœtus difformes ; les hôpitaux de Saigon, si. D'ailleurs, Barbara Crossette a écrit il y a une dizaine d'années dans un article du *New York Times* : « Le Vietnam est un bon endroit pour étudier le problème. [...] Il offre un groupe témoin très large » – les habitants du Nord, qui n'ont pas été aspergés de dioxine[22]. Nous pourrions apprendre quantité d'informations qui nous serviraient beaucoup si nous faisions une étude sérieuse de la différence entre les taux de cancers et de malformations à la naissance dans le sud et dans le nord du Vietnam. C'est la seule question qui émerge : pouvons-nous apprendre de nos crimes quelque chose qui nous serait utile ? Aucune autre.

Si l'on regarde ce qui se publie aujourd'hui au Japon, on constate la sortie de plusieurs nouveaux livres, des études universitaires approfondies, avec des tonnes de notes de bas de page, qui nient qu'il y ait eu un massacre à Nankin[23]. Il est vrai que seules deux ou trois centaines de milliers de personnes ont été assassinées. Mais les Japonais ont été vaincus, donc cette interprétation n'est pas la norme. C'est une thèse marginale, que beaucoup de gens refusent et que l'on reproche aux Japonais.

Selon certaines informations, des civils qui tentaient de fuir Falloujah ont été renvoyés dans la ville par les forces américaines, et les véhicules du Croissant-Rouge irakien venus apporter des fournitures médicales à ses habitants assiégés et blessés ont également été refoulés[24].

Si des civils parvenaient à fuir Falloujah, on les laissait passer – sauf les hommes. Les hommes en âge de combattre, en gros, ont été renvoyés dans la ville. C'est ce qui s'est passé à Srebrenica en 1995. La seule différence, c'est que les États-Unis ont fait sortir de la ville les Irakiens avec des bombes, pas avec des camions. Les femmes et les enfants ont été autorisés à partir ; les hommes, s'ils étaient repérés, étaient arrêtés et renvoyés d'où ils venaient. Pour qu'ils se fassent tuer. C'est ce qu'on appelle universellement un génocide, quand ce sont les Serbes qui le font. Quand c'est nous, c'est une libération.

Le New York Times *a publié récemment un petit article de Michael Janofsky intitulé « Des spécialistes des droits de l'homme voient une possibilité de crime de guerre ». On y lit : « Des spécialistes des droits de l'homme ont déclaré vendredi que les soldats américains ont peut-être commis un crime de guerre jeudi quand ils ont renvoyé dans Falloujah des civils irakiens qui fuyaient la ville. Citant plusieurs articles des conventions de Genève, ces experts ont dit que les lois de la guerre en vigueur imposent aux forces militaires de protéger les civils en qualité de réfugiés et leur interdisent de les renvoyer dans une zone de combat. » Et Janofsky cite cette réaction d'un porte-parole du département de la Défense : « Nos forces n'opèrent pas là-bas de façon désordonnée, sans discrimination, en prenant pour cibles des individus ou des civils. Les règles d'engagement font l'objet d'enquêtes et de vérifications minutieuses, et nos forces s'y conforment étroitement »*[25].

Il est intéressant de relever que l'un des seuls crimes de guerre dont parlent les médias est celui du Marine qui, perdant son sang-froid en plein combat, a tué un Irakien blessé[26]. Comment des Américains peuvent-ils tomber aussi bas ? Oui, ce qu'il a fait est un crime, absolument, mais c'est une note de bas de page minuscule. Dans l'histoire de la Seconde Guerre mondiale, on n'en parlerait même pas, c'est tellement mineur. Mais ici, nous grossissons l'incident pour évacuer les vrais crimes, exactement comme on l'a fait avec My Lai. My Lai était une petite note en bas de page dans la guerre du Vietnam. Elle faisait partie d'une opération militaire majeure, l'opération Wheeler * – dirigée par des gars exactement comme nous, en cravate et complets-vestons dans des bureaux climatisés, qui orientaient les raids des B 52 sur des villages cibles. Et Wheeler n'était qu'une opération parmi bien d'autres, qui ont tué on ne sait combien de gens. Mais sur le terrain, dans un lieu précis, quelques pauvres GI's incultes, fous de peur, ont craqué et tué deux cents personnes. Voilà le crime ! Le critère, c'est qu'ils ne sont pas comme nous. On prend des gens pauvres, incultes, qui se trouvent en plein conflit et ont toutes les raisons de paniquer. S'ils commettent un crime, c'est une abomination. Mais si des gens comme nous, gentils, cultivés, confortablement assis dans un environnement parfaitement sûr, commettent des crimes colossaux – en particulier les ordonnent –, ça ne compte pas. Nuremberg, c'était dans l'autre sens. On n'a pas poursuivi les soldats présents sur le terrain, mais les civils qui donnaient les ordres.

---

* Cette opération de plusieurs semaines, lancée le 11 septembre 1967 dans les provinces de Quang Nam et de Quang Tin, a été l'une des plus sanglantes de l'année 1967 [*NdT*].

Le Toledo Blade *a publié une étude remarquable, qui a remporté le prix Pulitzer, sur la Tiger Force, un peloton créé dans le cadre de la 101e division aéroportée. En 1967, il a été envoyé sur les hauts plateaux du Centre, où il a commis atrocité sur atrocité. C'est un texte effroyable à lire* [27].

Mais qui manque l'essentiel. Oui, ces soldats ont commis des atrocités. Cela dit, c'est en 1967 que Bernard Fall a publié ses conclusions : « Le Vietnam en tant qu'entité culturelle et historique [...] est menacé d'extinction [...] [car] la campagne meurt littéralement sous les coups de la plus grande machine militaire jamais déchaînée sur une région de cette taille [28]. » Comparons les crimes. Oui, ce qu'a fait la Tiger Force est atroce, mais que dire des gars de Harvard et du MIT qui ont planifié ces attaques et les autres actions qui ont menacé le pays d'extinction ? Il n'y a aucune comparaison.

J'ai d'ailleurs écrit un chapitre là-dessus dans *Guerre en Asie*, « Après Pinkville » – c'est le nom qui fut d'abord utilisé pour My Lai [29]. Cet essai m'avait été demandé à l'origine par la *New York Review of Books* – j'écrivais encore pour eux à l'époque – et j'ai accepté à une condition : My Lai serait à peine mentionné [30]. Ce texte porte sur les autres crimes, bien pires, qui avaient lieu au Vietnam, dirigés directement de Washington. Les vrais criminels de guerre sont les décideurs de Washington, pas les soldats sur le terrain. La chaîne de commandement commence par les civils assis à

Washington. Ce sont ces gens-là qui ont été accusés à Nuremberg et à Tokyo. Et, si nous voulons avoir ne serait-ce qu'un minimum d'honnêteté, c'est eux qu'il faut accuser ici, plus tous ceux qui ont écrit sur notre bonne volonté et nos intentions bienveillantes, pour tenter de couvrir ces crimes.

J'ai écouté récemment un enregistrement de votre intervention à l'émission Firing Line * *de William F. Buckley en avril 1969. Parlant du Vietnam, vous avez dit ceci : « L'un des aspects terrifiants de notre société, et d'autres sociétés, est le calme et le détachement avec lesquels des esprits sensés, raisonnables, rationnels, peuvent observer des événements comme ceux du Vietnam. Cela me paraît plus terrifiant que l'occasionnel Hitler, LeMay* ** *ou autre qui surgit. Ces gens-là ne pourraient pas opérer sans cette apathie, cette impassibilité sereine*[31]. »

Que vous trouvez essentiellement chez les gens cultivés. La masse de la population est tout à fait différente.

---

* William F. Buckley, commentateur politique de droite, a commencé à animer le *talk-show* politique *Firing Line* sur la chaîne pédagogique National Educational Television en 1966 [*NdT*].

** Curtis LeMay, ancien chef du Strategic Air Command, connu pour son bellicisme agressif et partisan de l'usage des forces nucléaires, a été le colistier du candidat raciste George Wallace aux élections présidentielles de 1968 [*NdT*].

Pourquoi accablez-vous tant la classe instruite ?

Parce que la responsabilité est corrélée au privilège. Plus vous jouissez de privilèges, plus vous êtes responsable. Prenez l'Allemagne, encore une fois, les nazis, peut-être la pire période de l'histoire. Le pauvre type qui a été envoyé sur le front de l'Est et a commis des atrocités, il n'avait pas le choix. S'il avait protesté, il aurait été abattu par un gradé. Martin Heidegger avait le choix. Il n'était pas obligé d'écrire des livres et des articles mettant en avant des arguments complexes et raffinés pour soutenir les nazis.

Ceux qui se trouvent dans des endroits comme le MIT ont le choix. Ils sont privilégiés, ils sont cultivés, ils sont formés. Cela impose des responsabilités. Celui qui travaille cinquante heures par semaine pour mettre sur la table de quoi manger, rentre chez lui épuisé et regarde la télé a beaucoup moins le choix. Techniquement, il peut faire certains choix, mais beaucoup plus difficilement, donc il est moins responsable. C'est élémentaire. Ceux qui ont des privilèges, de la culture et une bonne formation sont aussi ceux qui prennent les décisions, tant au gouvernement que dans les entreprises ou dans les institutions d'enseignement. Donc, oui, ce sont eux les responsables, infiniment plus que ceux qui n'ont pas le choix.

Vous n'êtes pas favorable à une armée de métier. Pourquoi ?

J'ai participé très activement à l'organisation de la résistance à la guerre du Vietnam dans les années 1960. Si j'ai échappé à une longue peine de prison, c'est seulement parce qu'au moment de l'offensive du Têt le gouvernement a annulé les procès où j'étais en cause. Mais je n'ai jamais été contre la conscription, et je ne le suis toujours pas. S'il doit y avoir une armée, je pense que ce doit être une armée citoyenne, pas une armée mercenaire. Il y a plusieurs types d'armée mercenaire. Le premier est celui de la Légion étrangère française ou des Gurkhas : la puissance impériale constitue simplement une force de mercenaires. Un autre modèle est l'armée d'engagés volontaires, qui est en fait une armée mercenaire des défavorisés. Les gens comme nous, sauf quelques énergumènes, ne s'engagent pas. Les gens comme Lynndie England s'engagent, parce qu'ils viennent d'un milieu où c'est la seule occasion qui s'offre à eux. On a donc, en fin de compte, une armée mercenaire des défavorisés, et c'est beaucoup plus dangereux qu'une armée citoyenne.

Mais c'était l'armée citoyenne, au Vietnam.

Voyons ce qui s'est passé au Vietnam. Le haut commandement américain a commis une erreur énorme. Il s'est servi d'une armée citoyenne pour faire une guerre coloniale, odieuse et brutale. Cela peut marcher un moment, mais pas très longtemps. Après quoi les soldats ont commencé à désobéir aux ordres, à lancer des grenades sur leurs officiers, à se droguer. L'armée s'écroulait. C'est l'une des raisons pour lesquelles les officiers supérieurs voulaient le retrait. À l'époque, les plus éminents experts militaires du Pentagone disaient : il faut sortir l'armée de là ou bien nous n'aurons plus d'armée. Elle s'effondre de l'intérieur [32].

Une armée citoyenne a des liens avec la culture citoyenne. À la fin des années 1960, par exemple, pendant la guerre du Vietnam, une culture à bien des égards rebelle et à bien des égards civilisatrice a gagné l'armée, et elle a aidé à miner l'armée, ce qui est une très bonne chose. C'est pourquoi aucune puissance impériale n'a jamais utilisé l'armée citoyenne pour mener une guerre impérialiste. Prenez les Britanniques en Inde, les Français en Afrique occidentale, les Sud-Africains en Angola : ils ont essentiellement compté sur des mercenaires, et c'est logique. Les mercenaires sont des tueurs professionnels, tandis que ceux qui sont trop proches de la société civile ne vont pas être vraiment bons pour tuer des gens.

Pour en revenir à la classe instruite, comment ses opinions sur la guerre se sont-elles distinguées de celles de l'ensemble de la population ?

Vers 1969, environ 70 % de la population des États-Unis jugeait que la guerre était « fondamentalement mauvaise et immorale », et non « une erreur »[33]. À peu près au même moment, sur la frange extrême la plus critique de l'élite, des gens comme Anthony Lewis commençaient à murmurer timidement que la guerre était une erreur.

Cet écart entre les positions du peuple et celles de l'élite se perpétue jusque dans les sondages les plus récents sur toute une série de questions. Les instituts d'enquête les plus prestigieux du pays, le Chicago Council on Foreign Relations et le Program on International Policy Attitudes de l'université du Maryland, ont effectué de grands sondages juste avant l'élection de novembre 2004, et les résultats ont été si ahurissants que la presse n'a même pas pu les annoncer. Ces sondages montraient qu'une large majorité de la population est favorable à la signature du protocole de Kyoto, à l'acceptation du Tribunal pénal international et au rôle dirigeant de l'ONU dans les crises internationales. Une majorité préconise même de supprimer le droit de veto au Conseil de sécurité quand il s'agit d'une guerre préventive, aujourd'hui comprise comme un droit d'agression[34]. Autrement dit, la population est très hostile au consensus bipartisan sur la guerre préventive. Les deux partis sont pour. L'opinion cultivée y est presque entièrement favorable, avec quelques réserves : il faut s'assurer qu'elle ne coûte pas trop cher, etc. Mais une large majorité de la population est contre, elle estime qu'on n'est autorisé à user de la force que dans le cadre de la Charte des Nations unies. La plupart des gens n'ont probablement jamais entendu parler de la Charte des Nations unies, mais les réponses qu'ils donnent aux questions du sondage sont tout à fait conformes aux interprétations habituelles de la Charte au sens strict : on ne peut utiliser la force que lorsqu'on est attaqué ou qu'il existe une menace d'attaque imminente, par exemple des avions traversant l'Atlantique dans l'intention de bombarder les États-Unis.

Quand on en arrive à la guerre en Irak, les résultats des sondages sont tout à fait intéressants. Environ 75 % disent que les États-Unis n'auraient pas dû attaquer l'Irak si ce pays n'avait pas d'armes de destruction massive ni de liens avec Al-Qaïda. Néanmoins, à peu près 50 % estiment qu'il fallait attaquer l'Irak. Et cela après que le rapport de l'Iraq Survey Group a montré que ce pays n'avait aucune arme de destruction massive ni programme pour en développer, et qu'il n'avait aucun lien avec Al-Qaïda[35]. Comment expliquer cette contradiction ? La raison fondamentale, c'est que les gens continuent à croire la propagande même après qu'on a prouvé qu'elle était fausse. Il y a eu assez de tirs de barrage médiatico-politiques pour qu'environ la moitié de la population croie toujours que l'Irak avait des armes de destruction massive ou était en train de les mettre au point. Un gros pourcentage pense encore que l'Irak était lié à Al-Qaïda et au 11 septembre[36]. Donc, oui, ils soutiennent cette guerre, même si, en règle générale, ils sont opposés au recours à la force sauf quand nous sommes menacés d'attaque imminente.

Si vous regardez des interviews de Lynndie England, des tortionnaires d'Abou Ghraïb, etc., la plupart disent qu'ils se sont vengés du 11 septembre. Ils nous ont fait ça. Pourquoi ne pas leur rendre la pareille ? Si vous êtes un tant soit peu privilégié et cultivé, vous voyez bien que cela n'a aucun sens. Mais les gens qui sont attirés dans l'armée mercenaire par leur condition sociale et économique ne le savent pas. Pour eux, une tête d'Arabe à chiffon c'est pareil qu'une autre tête d'Arabe à chiffon. Nous pouvons entre nous traiter ces soldats d'affreux personnages – « Regardez-moi ces abrutis, ces ignares ! » –, mais nous n'en avons pas le droit. C'est de nous-mêmes que nous devrions parler. C'est nous qui poussons les gens à avoir ces idées-là, soit par notre silence, notre apathie, nos dérobades, soit, souvent, parce que nous les leur inculquons directement.

Soit dit en passant, sur le front intérieur, une majorité écrasante de la population, environ 80 %, est en faveur d'un développement des systèmes d'assurance maladie ; 70 % environ veut une augmentation de l'aide à l'éducation et du financement des retraites publiques[37]. Les deux partis sont contre. Les chiffres sur la santé sont particulièrement intéressants. Les sondeurs demandent rarement aux personnes interrogées quel type de système d'assurance maladie elles souhaitent, mais, quand ils le font, cela donne en général soit une majorité relative, soit une très large majorité en faveur d'une forme de couverture universelle. Le 31 octobre, deux jours avant l'élection présidentielle, le *New York Times* a publié un article sur la santé. Kerry, expliquait l'auteur, ne pouvait pas proposer un programme susceptible d'améliorer la couverture maladie, parce qu'il y avait trop peu de soutien politique pour cela[38]. Seulement les trois quarts de la population. Mais c'est la réaction normale. Dans les rares cas où l'idée de système national de santé est mentionnée, on la déclare « politiquement impossible ». Elle n'a pas de soutien politique, seulement celui de la grande majorité de la population. Cela donne la clé de ce qui se passe. « Soutien politique » signifie soutien des compagnies d'assurances, de Wall Street, des HMO *, de l'industrie pharmaceutique. C'est cela, le soutien politique. Et si 98 % de la population voulait une couverture santé universelle, ce ne serait pas encore un soutien politique.

Ce que montrent fondamentalement tous ces sondages, c'est que la population est tellement à la gauche des deux partis que l'on comprend pourquoi les sondages ne sont pas publiés. Les articles honnêtes sur celui du Chicago Council on Foreign Relations ont été fort rares – j'en ai vu un dans

---

* Health Management Organization : organisation qui regroupe des offreurs de soins autour d'une compagnie d'assurances qui les paie, dans une optique de gestion intégrée des soins et de réduction des coûts [*NdT*].

Newsweek[39]. Si l'on demandait aux interrogés : « Quelle est, selon vous, l'opinion générale du pays sur ce point ? », je suis sûr que la plupart répondraient : « Je suis le seul à penser cela, je suis dingue. » Ils n'ont jamais entendu un mot à l'appui de leurs idées, ni dans le débat public, ni dans les programmes des deux partis, ni dans les médias.

7.

Autodéfense intellectuelle

Cambridge, Massachusetts (3 décembre 2004)

Une bonne partie de votre effort d'analyse des médias, avez-vous dit, n'est que du travail de secrétariat.

La vérité cachée, c'est qu'une grande partie du travail scientifique est de l'ordre du secrétariat. La science est souvent faite de travaux de routine, de détail. Je ne dis pas que c'est facile – il faut savoir ce que l'on cherche, etc. –, mais ce n'est pas un défi intellectuel énorme. Il y a dans la recherche des points qui posent des difficultés intellectuelles sérieuses, mais c'est rarement le cas s'il s'agit des affaires humaines. Dans ce domaine, il faut être sensé et prêt à se remettre en cause, mais le travail est à la portée de qui veut le faire.

Ce matin, dans ma voiture, j'écoutais la BBC. C'est à peu près le seul programme que je puisse supporter à la radio. La présentatrice du bulletin d'actualités a parlé d'un attentat à la bombe contre un poste de police en Irak. Elle a introduit cette information en disant : le problème en Irak, c'est que l'occupation ne pourra prendre fin que quand la police irakienne sera capable d'assurer la sécurité. Réfléchissons un instant à cette phrase [1]. Supposons qu'en France, les nazis aient dit : « L'occupation ne pourra prendre fin que lorsque les forces de Vichy seront capables de contrôler le pays. » Ce raisonnement ne nous paraîtrait-il pas bien bizarre ? L'occupation peut prendre fin à l'instant même. Il suffit de savoir ce que veut le peuple irakien. La volonté de la Grande-Bretagne et des États-Unis ne devrait pas entrer en ligne de compte ; elle est hors sujet, comme la volonté des Allemands pour l'occupation de la France. Si la police française entraînée par les Allemands à maintenir l'ordre en France sous leur égide n'arrivait pas à contrôler les partisans, faut-il en conclure que l'armée allemande ne pouvait pas partir ? Il y a une autre façon de voir les choses, qui à mon avis est légitime. Mais, indépendamment de tout jugement sur sa légitimité ou non, c'est un point de vue qu'on ne peut même pas prendre en considération. Nous sommes tenus d'adopter celui des armées occupantes, de nous faire les porte-parole de leurs gouvernements, sans nous poser aucune question. Il n'y a pas beaucoup d'enquêtes d'opinion en Irak, mais, à en croire les rares sondages qui ont été effectués, la majorité des Irakiens veut que les forces d'occupation s'en aillent[2]. Supposons que ce soit vrai. Pensons-nous encore impossible de mettre fin à l'occupation tant que la police irakienne ne pourra pas contrôler le pays, ce que la BBC pose d'emblée comme incontestable ? C'est seulement si vous avez assimilé en profondeur les doctrines de ceux qui sont du côté du manche que cette idée peut vous paraître trop évidente pour en douter un seul instant. Voilà le genre de questions qui m'intéresse, personnellement.

Vous voulez dire trouver et décoder ces postulats intériorisés, du type : les États-Unis ont le droit d'envahir et de conquérir n'importe quel pays, et d'y établir un système économique et politique de leur choix ?

Oui. Dans la population cultivée, on considère que cela va de soi. Soit dit en passant, à en croire les études d'opinion sérieuses, soignées, que l'on réalise aux États-Unis, ce n'est pas vrai pour la masse de la population américaine. Elle pense, à une très nette majorité, que les États-Unis doivent quitter l'Irak si les Irakiens veulent qu'ils s'en aillent. La grande majorité de la population estime que ce sont les Nations unies et non les États-Unis qui devraient prendre la direction dans les crises internationales en général, et dans la reconstruction de l'Irak en particulier[3].

Mon centre d'intérêt personnel, je le précise, est la culture intellectuelle, pas les médias en tant que tels. Il se trouve que les médias sont la composante de la culture intellectuelle la plus facile à étudier. Les médias de l'élite – la BBC, le *New York Times*, le *Washington Post*, etc. – sont l'expression au jour le jour de la culture intellectuelle des classes supérieures, et sont beaucoup plus simples à analyser que les travaux savants. On peut étudier aussi ces ouvrages, mais cela exige des recherches plus compliquées. Dans les médias, on parvient assez facilement à repérer des partis pris systématiques sur ce qui est permis, ce qui n'est pas permis, ce qui est mis en avant, ce qui ne l'est pas.

Prenons le *New York Times* de ce matin. On y trouve un article rapportant les idées de Gregory Mankiw, qui dirige le Council of Economic Advisers du président. C'est un économiste technique très distingué, très compétent, un professeur de Harvard très respecté dans le département d'économie, et l'auteur d'un des principaux manuels de la discipline. Il parle donc du sommet de la profession d'économiste, et il nous avertit, sur le ton universitaire qui convient, qu'il va falloir réduire les pensions de retraite parce que l'État américain n'aura pas de quoi les payer. Ces propos sont rapportés religieusement, avec ce commentaire : le système de la Social Security – la caisse de retraites publique – va tout droit à l'effondrement budgétaire vers 2042

« si aucun changement ne vient modifier la loi actuelle[4] ». Nous devons opérer des bouleversements radicaux, si possible la privatiser.

Mais il y a une autre façon de décrire la situation : le système de la Social Security n'est pas en crise et il fonctionnera tel qu'il est pendant au moins trente ans – et, suivant d'autres estimations, environ vingt ans de plus. La caisse de retraites publique est confrontée à un problème technique qui ne se pose qu'à long terme, et qui peut être aisément surmonté.

Supposons que la Social Security ait un problème budgétaire dans quarante ou cinquante ans. Que pouvons-nous faire à ce sujet ? Il y a des solutions faciles dont on ne parle jamais. Par exemple, la taxe sur les salaires qui finance la caisse est extrêmement régressive. Les revenus ne sont plus taxés au-dessus d'un plafond de 90 000 dollars environ ; les riches et les privilégiés jouent aux « passagers clandestins ». Est-ce une loi de la nature qu'un petit pourcentage de riches doive profiter du système sans payer ? Supprimons le plafond, et il n'y aura pas de problèmes de financement de la Social Security pendant des millénaires.

Ceux qui hurlent à la « crise » de la caisse de retraites font aussi remarquer que le rapport nombre d'actifs sur nombre de retraités diminue : ceux qui travaillent aujourd'hui devront donc faire vivre de plus en plus de retraités. C'est vrai, mais ce n'est pas le chiffre pertinent. Celui que nous devons prendre en compte est le rapport total de dépendance, la proportion d'actifs par rapport au nombre total d'habitants, pas seulement de retraités.

Donc, prenons les fameux *baby-boomers*. Comment allons-nous payer leurs retraites ? Mais qui a payé pour eux de leur naissance jusqu'à l'âge de vingt ans ? Il a bien fallu les prendre en charge pendant cette période, de la même façon que vous devez prendre en charge votre vieille mère. Si l'on regarde les années 1960, où cette génération arrivait à l'âge adulte, on constate de fait une augmentation considérable du financement des écoles et d'autres programmes pour les enfants, à une époque où l'État avait moins de revenus qu'aujourd'hui. Si on a pu prendre en charge les *baby-boomers* quand ils étaient enfants, pourquoi ne peut-on pas le faire quand ils ont plus de soixante ans ? La difficulté n'est pas plus grande. Ce problème est monté de toutes pièces. C'est une simple question de priorités financières. En réalité, puisque les États-Unis sont aujourd'hui un pays bien plus riche que dans les années 1960, il devrait être plus facile de prendre en charge ces classes d'âge.

Bref, quel devrait être le contenu correct de cet article ? Il devrait dire qu'un économiste distingué de Harvard donne une interprétation radicalement idéologique, qui reflète peut-être ses partis pris personnels ou d'autres pressions, mais qui n'a pas grand rapport avec le sujet. Le système n'est pas en train de courir au désastre. Dans la mesure où la Social Security aurait un problème, il y a tout un éventail de solutions pour le régler. Un journaliste sérieux se demanderait alors : « Qu'est-ce qui peut expliquer cette campagne pour détruire la caisse de retraites publique ? » C'est tout à fait transparent. La principale « solution » que l'on propose à la « crise » de la Social Security, ce sont des comptes d'investissement privés. Au lieu d'un système public très efficace, dont les coûts de gestion sont très bas, nous aurons un système aux coûts administratifs très élevés, mais qui iront dans les bonnes poches : celles des firmes de Wall Street et des gros gestionnaires de fonds.

Cela dit, une raison profonde joue aussi. La Social Security est fondée sur un principe qui est considéré comme subversif, que l'on veut chasser des esprits : le souci de ce qui arrive aux autres. La caisse de retraites publique repose sur ce postulat : nous nous soucions les uns des autres, nous avons le devoir collectif de prendre en charge ceux qui ne peuvent s'assumer, qu'il s'agisse des enfants ou des personnes âgées. Nous avons la responsabilité sociale de financer les écoles, de faire en sorte qu'il y ait des crèches et des garderies, de garantir que tous ceux qui prennent soin des enfants – dont les mères – seront soutenus financièrement pour pouvoir le faire. C'est une responsabilité de la société, et la société en retire un bénéfice collectif. Même si chaque individu ne peut pas dire : « Je profite personnellement du fait que cet enfant-là va à l'école », nous en profitons en tant que société. Et il en va de même pour la prise en charge des personnes âgées. Mais on veut chasser cette idée des esprits. On exerce d'énormes pressions pour transformer les gens en monstres pathologiques qui ne s'intéressent qu'à eux-mêmes, qui n'ont strictement aucun rapport les uns avec les autres, et que, par conséquent, l'on peut gouverner et contrôler très facilement. Voilà ce qu'il y a derrière l'offensive contre la Social Security. Et cela reflète un impératif profond, qui est un fil conducteur de tout le système doctrinal.

La Social Security a été créée sous la pression de mouvements sociaux populaires organisés – entre autres le mouvement syndical – qui étaient fondés sur l'idée de solidarité et d'aide mutuelle. Adam Smith, que nous sommes censés vénérer mais pas lire, postulait déjà que la sympathie était la valeur humaine centrale, et qu'il fallait donc organiser la société de façon à satisfaire cet élan naturel des êtres humains pour la sympathie, le soutien mutuel. En fait, son argument crucial en faveur des marchés était là : dans des conditions de liberté parfaite, ils conduiraient à l'égalité parfaite. La célèbre expression de Smith « la main invisible », que tout le monde utilise totalement de travers, n'apparaît qu'une seule fois dans *La Richesse des nations*, et c'est dans le contexte d'un raisonnement contre ce que nous appelons aujourd'hui le néolibéralisme [5]. Smith dit que, si les industriels et les investisseurs anglais importaient de l'étranger et investissaient outre-mer plutôt que chez eux, ce serait nuisible à l'Angleterre. Autrement dit, s'ils suivaient ce que nous appelons aujourd'hui les principes d'Adam Smith, ce serait nuisible à l'Angleterre. Mais, poursuit-il, il n'y a aucune raison de redouter ce scénario, car « à égalité de profits ou à peu près, tout marchand en gros préférera naturellement le commerce intérieur au commerce étranger de consommation ». C'est-à-dire que chaque capitaliste britannique préférera, individuellement, utiliser des biens produits sur le territoire national et investir dans son pays. Ainsi, comme s'il était « conduit par une main invisible à remplir une fin qui n'entre nullement dans ses intentions », il conjurera la menace de ce qu'on appelle aujourd'hui le néolibéralisme. L'économiste David Ricardo a avancé un argument tout à fait semblable. Smith et Ricardo avaient tous deux compris qu'aucune de leurs théories ne fonctionnerait s'il y avait libre circulation et libre investissement des capitaux[6].

À une époque, le principe de solidarité allait de soi. C'était un trait fondamental des mouvements populaires. On travaillait les uns pour les autres. C'est pourquoi « Solidarité mes frères », *Solidarity Forever*, est un slogan de la classe ouvrière. Et, depuis les années trente, les privilégiés et les riches ont œuvré en permanence pour tenter d'éliminer ce principe. Il faut détruire les syndicats, il faut détruire les interactions entre les gens, il faut les atomiser, pour qu'ils ne se soucient plus les uns des autres. Voilà ce qu'il y a vraiment derrière l'assaut contre la caisse de retraites.

Comment déconstruisez-vous l'idée selon laquelle les États-Unis « apportent la démocratie » à l'Irak ?

Il suffit d'une minute de réflexion pour voir qu'il est parfaitement impossible que les États-Unis et la Grande-Bretagne autorisent un Irak démocratique souverain. Il suffit de penser aux politiques que suivrait cet Irak démocratique. D'abord, ce serait un État à majorité chiite, donc il chercherait probablement à renforcer ses liens avec l'Iran, qui a aussi une majorité chiite. Il y a aussi une très importante population chiite en Arabie Saoudite, dans les régions où se trouvent les champs pétrolifères. Un régime indépendant dominé par les chiites en Irak, juste à côté, suscitera très probablement des réactions dans les régions chiites d'Arabie Saoudite. Ce qui pourrait créer une situation où le cœur même des ressources énergétiques du monde se retrouverait sous le contrôle ou l'influence d'un gouvernement chiite indépendant. Les États-Unis le permettront-ils ? C'est inimaginable.

Deuxièmement, un Irak indépendant s'efforcerait de reprendre sa place historique – d'être une force dirigeante, peut-être *la* force dirigeante, dans le monde arabe. Qu'est-ce que cela signifie ? Que l'Irak réarmera, et probablement qu'il se dotera d'armes de destruction massive, comme force de dissuasion, d'abord, et aussi pour contrer l'ennemi principal dans la région, Israël. Les États-Unis vont-ils laisser faire, passivement ? Les chances que les États-Unis et leur chien d'attaque britannique restent tranquillement spectateurs et permettent à l'un ou l'autre de ces scénarios de se concrétiser sont si minces qu'il n'y a même pas lieu d'en discuter. Les stratèges américains et britanniques ne sont sûrement pas en train de prévoir un Irak démocratique. C'est inconcevable.

Dans vos écrits et vos propos, vous citez le New York Times, *la BBC, etc. Vos adversaires pourraient dire : « Il ne cesse d'accuser les médias de déformer lourdement la réalité dans le sens des élites et institutions établies, mais c'est dans ces mêmes médias qu'il va chercher ses informations. »*

Je les utilise tout le temps. Si je ne devais lire qu'un seul journal, ce serait le *New York Times*. Il a des ressources documentaires plus fournies que les autres, une couverture plus étendue et quelques excellents correspondants. Mais cela ne change rien. Les grands médias donnent l'information, effectivement : ils sont tenus de le faire, pour plusieurs raisons. La première est que leur public principal l'exige. Quel est ce public ? Les dirigeants économiques, les dirigeants politiques et les dirigeants théoriques – les intellectuels, la classe politique, les cadres qui gèrent le système économique. Ces gens-là ont besoin d'une image réaliste du monde. Ils le possèdent, ils le contrôlent, ils le dominent, ils doivent y prendre des décisions, donc mieux vaut pour eux comprendre un peu ce qui s'y passe. C'est pourquoi, à mon avis, les journaux et revues d'affaires publient souvent de meilleurs reportages que les autres titres de la presse nationale. Très souvent, on trouvc dans le *Wall Street Journal* ou le *Financial Times* des articles qui exposent de manière très approfondie la corruption – pas seulement le vol, mais aussi la façon dont le système compromet les besoins humains fondamentaux. Il est bien plus probable de trouver ce genre d'articles dans le *Wall Street Journal* que dans la presse dite libérale, parce que ce public a besoin d'avoir une conception relativement réaliste du monde. Il y a un biais doctrinal sur ce qui est rapporté, pour que les lecteurs interprètent les faits de la bonne façon, mais les faits de base sont bien là.

De plus, les journalistes sont en général intègres, ils ont beaucoup de conscience professionnelle. Ce sont le plus souvent des gens honnêtes, sérieux, qui veulent faire leur métier correctement. Ce qui n'empêche pas que la plupart d'entre eux, instinctivement, perçoivent le monde à travers un prisme particulier, qui se trouve aller dans le sens du soutien au pouvoir dominant.

L'une de nos convictions les plus chères est que nous avons ici une presse libre. Jusqu'où l'est-elle vraiment ?

À ma connaissance, pour ce qui est des garanties de la liberté de la presse, les États-Unis sont un cas unique. L'État américain a moins d'options et de moyens pour contrôler la presse que dans tout autre pays que je connais. En Angleterre, par exemple, il peut perquisitionner les bureaux de la BBC et emporter les dossiers. Aux États-Unis, il ne peut pas. L'État ne peut pas envoyer la police dans les bureaux du *New York Times*. En Angleterre, l'an dernier, le gouvernement a fait faire une enquête sur la BBC, parce que, selon lui, un journaliste avait poussé trop loin la critique d'un dossier gouvernemental complètement fallacieux sur l'Irak[7]. Le journaliste avait dit que les preuves de l'existence d'armes de destruction massive irakiennes avaient été rendues « plus sexy ». Il y a eu un immense tumulte. Puis a été publiée une enquête dirigée par le gouvernement, le rapport Hutton : elle condamnait la BBC et exonérait le pouvoir, et il y a eu une immense protestation publique à ce sujet-là aussi. Mais mal orientée. On aurait dû protester contre le fait même qu'il y avait eu enquête. De quel droit l'État enquête-t-il pour savoir si les médias rapportent ou non les faits comme il veut qu'ils soient rapportés ? L'existence même de cette enquête reflète le peu de respect pour la liberté d'expression en Angleterre.

Mais la BBC est régie par l'État, elle émet en vertu d'une licence de l'État.

Les ondes radio sont sous licence aux États-Unis aussi, mais cela ne donne pas à l'État le moindre droit d'enquêter officiellement pour savoir si les stations font leur métier d'une façon qui plaît au gouvernement. Le spectre électromagnétique relève de la propriété publique. Cela dit, si le gouvernement n'a guère le pouvoir de contrôler la presse, il ne s'ensuit pas que celle-ci soit libre en pratique. Il s'ensuit qu'elle peut l'être si elle choisit de l'être – mais elle peut aussi choisir de ne pas l'être. La presse est soumise à de fortes pressions qui l'incitent – et presque l'obligent, souvent – à être tout sauf libre. N'oublions pas que les grands médias établis font partie intégrante du monde des affaires qui domine l'économie et la vie sociale. Et qu'ils tirent leurs revenus de la publicité des entreprises. Ce n'est pas le même contrôle que celui de l'État, mais c'est néanmoins un système de contrôle, exercé par des entreprises étroitement liées à l'État.

Dans Necessary Illusions, *vous dites que les citoyens des sociétés démocratiques doivent « adopter une attitude d'autodéfense intellectuelle pour se protéger de la manipulation et du contrôle des cerveaux*[8] *». Voulez-vous donner quelques exemples de ce qu'ils pourraient faire ?*

Pratiquer l'autodéfense intellectuelle, c'est simplement s'entraîner à poser les questions évidentes. Parfois les réponses seront immédiatement visibles, parfois il faudra un peu de travail pour les trouver. Quand on lit que 100 % des commentaires sont d'accord sur quelque chose – peu importe quoi –, soyons immédiatement sceptiques. Rien n'a un tel degré de certitude, même en physique nucléaire. Donc, si tous les commentateurs expliquent que le but du président en Irak est d'apporter la démocratie aux citoyens peu éclairés d'un Irak souverain, et ne divergent que sur la possibilité ou non d'atteindre cet objectif noble et exaltant, il faut prendre les cinq minutes de réflexion requises pour voir qu'il est impossible que cela soit vrai. Et si 100 % de l'opinion cultivée tient pour une évidence ce qui ne peut sûrement pas être vrai, qu'est-ce que cela dit sur les institutions doctrinales et culturelles centrales ? Cela en dit long, vraiment.

Inutile de remonter à David Hume pour le comprendre, mais il a bien analysé la cause de « la facilité avec laquelle le grand nombre est gouverné par le petit » : « Ce n'est pas la *force* ; les sujets sont toujours les plus forts. Ce ne peut donc être que l'*opinion*. C'est sur l'opinion que tout gouvernement est fondé, le plus despotique et le plus militaire aussi bien que le plus populaire et le plus libre[9]. » Autrement dit, dans tout État, qu'il soit démocratique ou totalitaire, les gouvernants comptent sur le consentement. Ils doivent faire en sorte que la population dirigée ne comprenne pas qu'en réalité le pouvoir est à elle. Tel est le principe fondamental du gouvernement. Les gouvernants peuvent contrôler les gouvernés par toutes sortes de méthodes. Aux États-Unis nous n'utilisons pas le poteau d'exécution, le gourdin ou la chambre de torture ; nous avons d'autres moyens. Nul besoin, là encore, de compétences spéciales pour comprendre lesquels. Et tout cela fait partie de l'autodéfense intellectuelle.

Autre exemple. Le *Washington Post* a une section intitulée *KidsPost*. Ce sont des actualités pour les enfants. Quelqu'un m'a envoyé une coupure de presse de *KidsPost*, un article publié juste après la mort de Yasser Arafat. En gros, il disait en plus simple ce que les articles centraux disaient en plus compliqué. Mais il ajoutait quelque chose que les articles compliqués savaient ne pas pouvoir dire impunément. « [Arafat] a été un homme controversé, expliquait-il. Son peuple l'aimait, car il était le symbole du combat pour l'indépendance. Mais, pour créer une patrie palestinienne, il avait besoin de terres qui font aujourd'hui partie d'Israël. Il a mené des attaques contre le peuple israélien, et pour cela beaucoup de gens l'ont détesté[10]. » Qu'est-ce que cela veut dire ? Que le *Washington Post* dit aux enfants que les Territoires occupés font partie d'Israël. Même le gouvernement américain ne le dit pas. Même Israël ne le dit pas. Mais on endoctrine les enfants pour leur faire croire que l'occupation militaire israélienne illégale ne peut être remise en question, parce que le territoire conquis fait partie d'Israël. L'autodéfense intellectuelle aurait dû immédiatement susciter une énorme protestation contre le *Washington Post* pour ce scandaleux endoctrinement des enfants. Je ne lis pas *KidsPost*, donc je ne sais pas si c'est une habitude, mais je n'en serais pas surpris.

Qu'est-ce qui pousse un citoyen à ne plus regarder passivement, en spectateur – à s'engager ?

Prenons un phénomène récent dans notre histoire, le mouvement des femmes. Si vous aviez demandé à ma grand-mère si elle était opprimée, elle n'aurait pas compris le sens de la question. Si vous aviez demandé à ma mère, elle savait qu'elle était opprimée, et elle en concevait du ressentiment, mais elle ne pouvait pas contester la situation ouvertement. Elle ne nous aurait pas laissés aller à la cuisine, mon père et moi : ce n'était pas notre rôle. Nous étions censés faire des choses importantes, comme étudier, et tout le travail était pour elle. Maintenant, allez demander à mes filles si elles sont opprimées. Il n'y a aucune discussion là-dessus. Elles vont vous flanquer à la porte, c'est tout. C'est un changement important qui a eu lieu tout récemment, un changement spectaculaire dans la conscience et dans la pratiquc sociales.

Marchons dans les couloirs du MIT. Il y a quarante ans, on n'y aurait vu que des étudiants de sexe masculin, blancs, bien vêtus, pleins de respect pour leurs aînés, etc. Aujourd'hui, la moitié des personnes que l'on voit sont des femmes, un tiers appartiennent aux minorités, les tenues sont décontractées. Ce ne sont pas des changements mineurs. Et ils se sont produits dans toute la société.

Les hiérarchies s'effondrent ?

Bien sûr. Si les femmes ne sont plus obligées de vivre comme ma grand-mère ou ma mère, les hiérarchies se sont effondrées. Par exemple, j'ai appris récemment que, dans la ville du Massachusetts où j'habite – une petite ville dont les habitants sont de classe moyenne, ont des professions intellectuelles et techniques, avocats, médecins, etc. –, le commissariat de police a une section spéciale dont l'unique activité est de répondre aux appels du numéro 911 * liés aux cas de violences domestiques. Voyait-on une chose pareille il y a trente ans ou même vingt ans ? C'était inconcevable. Si quelqu'un voulait battre sa femme, cela ne regardait que lui. Est-ce un changement dans la structure hiérarchique ? Absolument. De plus, ce n'est qu'un élément dans une très large gamme de changements sociaux.

Comment le changement a-t-il lieu ? Posez-vous la question : comment a-t-il eu lieu de ma grand-mère à ma mère puis à mes filles ? Pas par l'action bienveillante d'un gouvernant qui a fait voter des lois accordant des droits aux femmes. Ce changement a été en grande partie déclenché par les jeunes mouvements militants de gauche. Prenez le mouvement de résistance à la conscription dans les années 1960. Ceux qui ne voulaient pas partir

* Le 911 est le numéro d'appel pour toutes les situations d'urgence sur l'ensemble du territoire des États-Unis et au Canada [*NdT*].

faisaient un choix très courageux. Ce n'est pas facile, pour un gamin de dix-huit ans, de prendre le risque de perdre sa carrière prometteuse et peut-être de passer de longues années en prison, ou de fuir le pays et peut-être de ne pouvoir jamais y revenir. Il faut vraiment avoir quelque chose dans le ventre.

Eh bien, il apparaît que les mouvements des jeunes des années 1960, comme la culture en général, étaient extrêmement sexistes. Peut-être vous souvenez-vous du slogan « *Girls don't say no to boys who won't go* », « Les filles ne disent pas non aux garçons qui n'y vont pas ». On lisait ça sur des affiches à l'époque. Les jeunes femmes engagées dans le mouvement ont vu que quelque chose clochait : les femmes faisaient tout le travail de bureau, etc., pendant que les hommes paradaient en parlant de leur bravoure. Elles ont commencé à regarder ces jeunes hommes comme des oppresseurs. Et ce fut l'une des grandes sources du mouvement féministe moderne, qui s'est vraiment épanoui à cette époque-là.

Il arrive un moment où les gens comprennent la structure de pouvoir et de domination et décident de faire quelque chose. C'est ainsi que se sont produits tous les changements dans l'histoire. Comment cela arrive, je ne sais pas. Mais nous avons tous le pouvoir de le faire.

Comment savez-vous que votre mère se sentait opprimée ? Est-ce qu'elle vous l'a jamais dit ?

Assez clairement. Elle venait d'une famille pauvre, avec sept enfants survivants – beaucoup ne survivaient pas à l'époque. Les six premiers étaient des filles, le septième un garçon. Le garçon est allé à l'université, pas les six filles. Ma mère était une femme intelligente, mais on ne l'a laissée accéder qu'à l'école normale, pas à l'université. Elle était entourée par tous ces hommes à doctorat, les amis de mon père, et elle en était blessée. D'abord, elle se savait beaucoup plus intelligente qu'eux. Quand j'étais enfant, chaque fois qu'il y avait un dîner, les hommes passaient au salon, les femmes s'asseyaient autour de la table de la salle à manger et conversaient entre elles. Je finissais toujours par aller du côté des femmes, parce qu'elles parlaient de choses captivantes. Elles étaient vives, intéressantes, intelligentes, avaient des opinions politiques. Les hommes, tous des diplômés, d'éminents professeurs, des rabbins, disaient surtout des absurdités. Ma mère le savait, elle trouvait ça injuste, mais pensait qu'on n'y pouvait rien.

À propos des mouvements de contestation, quand je voyage aux quatre coins du pays, j'entends souvent dire : « Aux États-Unis, on vit trop bien. On a la vie trop facile. Il faudra que ça se dégrade bien plus que ça pour qu'il y ait des protestations. »

Je ne crois pas. Les mouvements sérieux viennent parfois de gens qui sont vraiment opprimés, parfois de milieux privilégiés. Nous venons de parler du mouvement de résistance à la conscription. Les jeunes qui y participaient étaient des privilégiés, des étudiants du supérieur, presque tous des meilleures universités. Mais, au sein même de ces milieux privilégiés, une étincelle s'était allumée, et ces jeunes ont beaucoup contribué à changer le pays. Ils ont mis en rage les riches et les puissants. Regardez les journaux de l'époque. Ils regorgent de toutes sortes de hurlements hystériques sur les soutiens-gorge brûlés * et toutes les horreurs en cours, qui sapaient les fondements mêmes de la civilisation. En réalité, le pays se civilisait.

Regardez le SNCC **, le Comité de coordination des étudiants non violents, qui a été à l'avant-garde du mouvement des droits civiques – ceux qui ont vraiment pris des risques, pas ceux qui sont venus manifester de temps en temps : ceux qui ont été là tous les jours, sont allés s'asseoir dans les cafétérias

---

* C'était l'une des rumeurs mythiques alors propagées par la presse pour faire paraître extravagants les mouvements contestataires : les féministes brûlaient leur soutien-gorge [*NdT*].

** Student Nonviolent Coordinating Committee. Le SNCC a été fondé en 1960 par des étudiants noirs pour mener par l'action directe la lutte pour les droits civiques. Il a eu ensuite de nombreux membres blancs, qui ont participé aux côtés des Noirs au grand mouvement contre la ségrégation dans le Sud des États-Unis [*NdT*].

réservées aux Blancs, ont voyagé dans les bus de la liberté *, ont pris des coups et, pour certains, ont été tués. Pour la plupart, les étudiants du SNCC venaient des établissements d'enseignement supérieur de l'élite, comme Spelman, le *college* où enseignait Howard Zinn **, et dont il a été renvoyé parce qu'il soutenait les étudiants dans leurs efforts[11]. Spelman était un *college* noir, mais un *college* noir de l'élite. Tous les étudiants du mouvement ne venaient pas de milieux privilégiés, c'est évident, mais il est clair que ceux qui en étaient issus ont joué un rôle dirigeant dans cette lutte.

Et il en va de même pour d'autres mouvements. S'y côtoient des privilégiés et des opprimés qui ont pris conscience de leur condition. Revenons au mouvement des femmes. Il est né en grande partie de groupes de réflexion, de prise de conscience, où des femmes ont parlé entre elles et se sont dit : « Écoutez, pourquoi faudrait-il vivre comme ça ? »

---

* Le SNCC organisait des *sit-in* dans les cafétérias (*lunch counters*) qui refusaient de servir les Noirs. Le premier avait été effectué par quatre jeunes Noirs le 1er février 1960 dans un *lunch counter* de Greensboro (Caroline du Nord). Plus tard, après la déségrégation des bus de ville, le SNCC voulut obtenir celle des autobus inter-États, en affrétant des « bus de la liberté ». L'un d'eux fut attaqué par le Ku Klux Klan, qui battit ses occupants et fit exploser le véhicule. Certains membres du SNCC ont été assassinés au cours du mouvement pour les droits civiques [*NdT*].

** Historien progressiste, il a écrit notamment *Une histoire populaire des États-Unis, de 1492 à nos jours*, trad. fr. de Frédéric Cotton, Marseille, Agone, 2002 [*NdT*].

C'était le tout début, et c'est une phase nécessaire de tout mouvement social. Chez les opprimés, on doit comprendre que l'oppression n'est pas seulement désagréable mais aussi moralement mauvaise. Et ce n'est pas si simple. Les pratiques et les conventions établies paraissent en général tout à fait normales, incontestables.

Reconnaître qu'il n'y a rien de nécessairement légitime dans le pouvoir est un grand pas, quel que soit le côté de l'équation où l'on se trouve. Comprendre qu'on est en train de battre quelqu'un peut être très éclairant. Pour ceux qui tiennent le gourdin, c'est un grand pas de dire : « Écoutez, c'est peut-être mal que nous ayons le gourdin. » Comprendre cela, c'est le début de la civilisation. Si le *New York Times* et ses lecteurs cultivés arrivent un jour à se dire que c'est peut-être mal de commettre les odieux crimes de guerre que le *New York Times* rapporte à la une, cela voudra dire que les milieux cultivés commencent à se civiliser.

Dans votre discussion avec William F. Buckley lors de l'émission Firing Line *en 1969, vous avez parlé de la culpabilité. Vous avez dit : « Ça ne m'intéresse pas de distribuer des blâmes, de donner des notes. Je pense que le début de la sagesse dans ce cas » – vous parliez du Vietnam –, « c'est de comprendre ce que nous représentons dans le monde, ce que nous faisons dans le monde. Et je crois que, quand nous l'aurons compris, nous éprouverons un énorme sentiment de culpabilité. Il faudra bien veiller à ne pas laisser les mea-culpa l'emporter sur l'action possible* ».

C'est une expérience que nous avons tous vécue, je crois : « Oui, c'est terrible ce que j'ai fait, je le regrette. Non, je ne ferai rien à ce sujet. Maintenant j'ai reconnu mes torts. Point final. » Cela arrive constamment. Mais exprimer sa culpabilité ne supprime pas le crime. Vous avez fait quelque chose de mal, cela a eu des conséquences. Qu'allez-vous faire à leur propos ? Le mea-culpa peut être un moyen de ne pas agir. On se réconforte en disant : « Admirez ma grandeur d'âme ! J'ai avoué que j'avais mal agi, et maintenant je suis libéré. »

On rencontre sans cesse ce type de pensée. Voyez l'Irak. Actuellement, les États-Unis ont entrepris d'obliger les autres pays à annuler les dettes de l'Irak [12]. Et il est bon en effet de les annuler. Tout le monde devrait annuler les dettes de l'Irak, car ce sont des « dettes odieuses ». On appelle ainsi toute dette qui est imposée à un peuple par un système coercitif. Si un pays, par exemple, est gouverné par des généraux corrompus qui contractent une dette colossale, le peuple de ce pays a-t-il le devoir de la rembourser ? Non, c'est une dette odieuse, elle doit être effacée.

Le concept de dette odieuse a été inventé quand les États-Unis ont conquis Cuba – ce que les historiens, ici, appellent la libération de Cuba, c'est-à-dire la conquête de Cuba pour empêcher les Cubains de se libérer eux-mêmes. Après avoir pris

Cuba, les États-Unis n'ont pas voulu rembourser les dettes cubaines envers l'Espagne. Ils ont fait valoir, à juste titre, que c'étaient des dettes odieuses : Cuba ne les avait pas contractées librement mais dans un cadre coercitif. Ils en ont fait autant aux Philippines. La motivation réelle de ce raisonnement, bien sûr, était de permettre aux États-Unis de ne pas rembourser les dettes des pays qu'ils venaient de conquérir. Le même scénario est à l'œuvre aujourd'hui en Irak : les États-Unis ont conquis l'Irak et ne veulent pas payer ses dettes.

En réalité, les États-Unis devraient payer d'énormes réparations à l'Irak. La Grande-Bretagne aussi, l'Allemagne aussi, la France aussi, la Russie aussi, avec tous les autres États qui ont soutenu Saddam Hussein. Cela fait longtemps que ces pays torturent l'Irak – depuis la création du pays par les Britanniques au début des années 1920, en fait. En 1963, John F. Kennedy a parrainé un coup d'État militaire * qui a porté au pouvoir le parti Baas, celui de Saddam Hussein [13]. Depuis, la politique irakienne des États-Unis a été atroce. Le département d'État tient une liste des États qui par-

* Il s'agit du coup d'État de février 1963, qui a porté pour quelques mois les baasistes au pouvoir et déclenché une chasse aux communistes. Les États-Unis étaient très hostiles au général Kassem, qui a été renversé et assassiné dans ce coup d'État. Les baasistes ont été évincés par un autre putsch en novembre de la même année. Ils ont repris le pouvoir – pour longtemps cette fois – près de cinq ans plus tard, par la révolution de juillet 1968 [*NdT*].

rainent le terrorisme. Un seul pays en a été retiré un jour : l'Irak en 1982, parce que l'administration Reagan – c'est-à-dire, fondamentalement, l'équipe aujourd'hui revenue au pouvoir sous Bush II – voulait pouvoir envoyer des armes et de l'aide à Saddam Hussein « sans examen du Congrès »[14]. Par conséquent, l'Irak devint soudain un État qui ne parrainait pas le terrorisme, et les États-Unis purent lui fournir de l'aide pour des exportations agro-alimentaires, le développement d'armes de destruction massive et toutes sortes de choses merveilleuses.

Après les atrocités de Saddam Hussein contre les Kurdes, contre l'Iran, contre les Irakiens – celles que nous dénonçons maintenant –, les États-Unis ont continué à le soutenir. Quand, au lendemain de la guerre du Golfe de 1991, une révolte chiite a éclaté, Bush I a laissé Saddam Hussein l'écraser. Donc, lorsque Thomas Friedman du *New York Times* écrit aujourd'hui des éditoriaux où il raconte sa découverte horrifiée des fosses communes en Irak et le choc que cela lui a fait, il devrait reconnaître qu'il savait tout de ces fosses à l'époque et que le gouvernement américain était complice[15]. Puis sont venues plus de dix années de sanctions, qui ont tué plus de gens que Saddam Hussein ne l'a jamais fait, et ravagé la société[16]. Puis il y a eu l'invasion, qui a fait peut-être 100 000 morts[17].

Faites l'addition : nous devons à l'Irak des réparations gigantesques. Le débarrasser de la dette odieuse, d'accord, mais sa suppression est dans notre propre intérêt. Le paiement de réparations ne l'est pas.

Il en va de même pour Haïti, le pays le plus pauvre du continent américain, qui est presque au bord de l'anéantissement. Qui en est responsable ? Les deux grands coupables sont la France et les États-Unis *. Ces deux pays doivent à Haïti des réparations énormes pour des actes qui remontent à des centaines d'années. Si nous pouvons un jour en arriver à une situation où quelqu'un dirait : « Nous sommes désolés de ce que nous avons fait », ce serait bien. Mais si cela ne fait qu'atténuer la culpabilité, ce n'est qu'un crime de plus. Pour être un tant soit peu civilisés, il nous faudrait dire : « Nous avons commis des crimes odieux et nous en avons profité. Une grande partie de la richesse de

* Haïti est l'ancienne colonie française de Saint-Domingue, où le royaume de France pratiquait l'esclavagisme dans les plantations sucrières. En 1802-1803, une guerre coloniale très dure pour rétablir l'ordre esclavagiste se termine par la défaite de l'armée française à Vertières (18 novembre 1803). Mais, en 1825, craignant une tentative de reconquête, la république d'Haïti accepte de payer au gouvernement français une indemnité de 150 millions de francs, qu'elle emprunte sur le marché financier de Paris. À partir de là et jusqu'à la Première Guerre mondiale, la France domine le pays et le saigne par le biais du service de cette dette. En 1915, à la faveur du conflit en Europe, les États-Unis occupent militairement Haïti. Levant l'interdiction faite aux étrangers d'acheter des terres, ils organisent la dépossession massive des paysans. Devenus la puissance dominante dans l'île, ils soutiennent des régimes répressifs, dont la dictature duvaliériste de 1957 à 1986 [*NdT*].

la France vient des crimes dont elle s'est rendue coupable envers Haïti et les États-Unis se sont enrichis aussi. Nous allons donc verser des réparations au peuple haïtien. » Nous verrons alors les débuts de la civilisation.

Revenons un instant à l'oppression. Si vous me frappez, j'en ai une expérience directe. N'est-il pas bien plus difficile de comprendre l'impérialisme parce que cela se passe ailleurs, très loin, et que je n'en sais pas grand-chose ?

Non seulement ça, mais la logique est inversée : les gens ici ont l'impression que ce sont eux les opprimés. C'est ce que pensent les soldats qui ont accompli des atrocités en Irak : les Irakiens nous l'ont fait, nous allons le leur faire aussi. Que nous ont fait les Irakiens ? Le 11 septembre. Les Irakiens n'avaient rien à voir, bien sûr, avec le 11 septembre, mais il reste le sentiment que les agressés, c'est nous, et que les agresseurs, c'est eux. Et cette inversion est permanente.

Prenons Ronald Reagan et sa rhétorique sur les « reines des prestations sociales », les *welfare queens* *. Nous les pauvres, comme Reagan, nous sommes opprimés par ces femmes noires riches qui vont toucher en Cadillac leur chèque de l'assistance

---

* Personnage inventé par Ronald Reagan pour « prouver » que les dépenses sociales étaient propices à tous les abus et qu'il fallait donc les réduire [*NdT*].

sociale. Nous sommes opprimés. C'est un thème qui traverse toute l'histoire des États-Unis. Il y a un livre de Bruce Franklin, un théoricien de la littérature, qui suit sa trace dans la littérature populaire américaine, et il remonte jusqu'aux premiers colons. Nous sommes toujours au bord de l'anéantissement. Nous sommes attaqués par des ennemis démoniaques qui sont sur le point de nous submerger, et à la dernière minute un superhéros ou une arme stupéfiante apparaît et nous sommes sauvés[18]. Mais, comme le souligne Franklin, les gens qui sont sur le point de nous exterminer sont invariablement ceux que nous sommes en train de piétiner. Nous les écrasons sous notre botte, et cela veut dire qu'ils sont sur le point de nous exterminer.

Par exemple « les Indiens, ces sauvages sans pitié », comme dit le texte de la Déclaration d'indépendance * ?

Exactement. « Les Indiens, ces sauvages sans pitié », sont sur le point de nous exterminer. Après, il y a eu les Noirs. Après, il y a eu les immigrés chinois. Jack London, qui était un auteur progressiste, une grande figure du socialisme, a écrit des récits où il appelait littéralement à exterminer par

* La Déclaration d'indépendance du 4 juillet 1776 accuse « le roi actuel de Grande-Bretagne » d'avoir « cherché à attirer sur les habitants de nos frontières les Indiens, ces sauvages sans pitié » [*NdT*].

la guerre bactériologique tous les habitants de la Chine, car c'était le seul moyen de nous sauver. Ils envoient ces gens que nous prenons pour des coolies qui construisent les voies ferrées et des blanchisseurs qui lavent nos vêtements, mais tout ça fait partie d'un plan pour infiltrer notre société. Ils sont des centaines de millions, et ils vont nous détruire. Nous devons donc nous défendre, et le seul moyen que nous ayons, c'est d'exterminer totalement la race chinoise par la guerre bactériologique.

Prenons Lyndon Johnson. En un sens, et quoi qu'on puisse penser de lui, c'était un populiste *. Ce n'était pas un faux Texan comme George Bush, c'était un vrai. Et il a dit : « Sans supériorité aérienne, l'Amérique est un géant ligoté, bâillonné, une proie facile et impuissante pour n'importe quel nain jaune muni d'un canif[19]. » Dans l'un de ses plus grands discours aux soldats américains au Vietnam, Johnson a déclaré d'un ton plaintif : « Il y a dans le monde trois milliards d'individus, et nous ne sommes que deux cents millions. Nous sommes inférieurs en nombre, à quinze contre un. Si la force faisait le droit, ils envahiraient en masse les États-Unis et prendraient ce que nous avons. Nous avons ce qu'ils veulent[20]. » C'est un refrain constant de

* Allusion au parti populiste de la fin du XIXe siècle. Constitué pour défendre les intérêts des classes populaires, il était puissant notamment dans le Sud et l'Ouest, et particulièrement fort au Texas. Ce mouvement, favorable à une coopération entre Blancs et Noirs, a été brisé par la montée de la ségrégation dans le Sud [*NdT*].

l'impérialisme. Vous avez la botte sur le cou de quelqu'un et il est sur le point de vous détruire.

C'est vrai de toute forme d'oppression. Et, psychologiquement, c'est compréhensible. Si je suis en train d'écraser quelqu'un, de le détruire, il faut bien que je me donne à moi-même une explication, et ça ne peut pas être : « C'est parce que je suis un monstre sanguinaire. » C'est forcément de la légitime défense. Je me protège contre eux. Regardez ce qu'ils me font. Sur le plan psychologique, l'oppression est inversée : l'oppresseur est la victime qui se défend.

Cela fait maintenant vingt ans que nous faisons des interviews. Ne vous êtes-vous jamais senti comme le Sisyphe du mythe grec, qui s'épuise à faire rouler son rocher jusqu'en haut de la montagne puis le voit dévaler à nouveau jusqu'en bas ?

Pas vraiment. D'abord, nous sommes presque tous si privilégiés et si libres qu'avoir le sentiment que quelque chose est difficile dans notre vie serait vraiment scandaleux. Quelles que soient la répression et les vitupérations qui nous visent, ce n'est rien comparé à ce que les gens affrontent partout ailleurs. Nous plaindre est une sorte de luxe que nous ne devrions jamais nous accorder. Mais ce n'est pas tout : il y a eu des changements. Donc, on fait rouler le rocher jusqu'en haut de la montagne, mais on avance, aussi.

Vous faites parfois penser à Cassandre, toujours en train de mettre en garde. Votre dernier livre, Dominer le monde ou sauver la planète ?, *s'ouvre et s'achève sur un ton plutôt sinistre*[21].

Je pense que ces avertissements sont réalistes. Je commence *Dominer le monde ou sauver la planète ?* en citant Ernst Mayr, probablement le plus éminent biologiste du monde, je le termine en citant Bertrand Russell, le plus éminent philosophe du XXe siècle, et ce qu'ils disent est juste. On pourrait aisément ajouter d'autres auteurs. *Daedalus*, la revue de l'American Academy of Arts and Sciences, pinacle de la respectabilité des élites, vient de publier un article signé par deux sommités du courant dominant des études stratégiques, John Steinbruner et Nancy Gallagher, sur ce qu'on appelle la « transformation du militaire », qui comprend la militarisation de l'espace[22]. Militariser l'espace, cela signifie, concrètement, mettre le monde entier en danger d'anéantissement instantané et sans avertissement. Que suggèrent Steinbruner et Gallagher pour y remédier ? Ils espèrent qu'une coalition d'États pacifiques menée par la Chine se constituera pour contrer le militarisme et l'agressivité des États-Unis. C'est le seul espoir qu'ils voient pour l'avenir. L'un des aspects intéressants de leur raisonnement, c'est qu'ils désespèrent de la démocratie américaine, ou la méprisent – je ne sais pas quel est le mot juste. Les États-Unis ne peuvent être changés de l'intérieur, donc espérons que la

Chine viendra nous sauver. Entendre ce type de réflexion au cœur même de l'*establishment* est sans précédent. Ce que j'ai écrit dans *Dominer le monde ou sauver la planète ?* est modéré en comparaison.

8.

Démocratie et éducation

Lexington, Massachusetts (7 février 2005)

John Dewey, l'un des plus grands penseurs du XXᵉ siècle, a beaucoup influencé vos années de formation. Vos parents vous avaient inscrit dans une école « deweyenne » de Philadelphie.

Mon père dirigeait le système scolaire hébraïque à Philadelphie, où nous habitions, et il le faisait dans l'esprit de Dewey, c'est-à-dire en cherchant à mettre l'accent sur la créativité intellectuelle, les activités collectives, les projets stimulants. J'ai enseigné dans ce cadre, moi aussi. Dans l'école où j'étais élève, toutes les matières habituelles étaient traitées, mais en privilégiant les préoccupations, les engagements et la créativité de l'enfant. Il n'y avait aucune compétition entre les élèves. Quand j'ai quitté cette école pour entrer au lycée, je ne savais même pas que j'étais ce qu'on appelle un « bon élève ». Au lycée, nous étions tous classés, donc chacun voyait bien où il se situait. Avant, le problème n'existait même pas.

Pourquoi vos parents vous ont-ils mis dans cette école ?

En partie parce qu'ils travaillaient : je devais donc rester à l'école toute la journée. Mais je n'aurais pas voulu être ailleurs. J'y suis entré vers dix-huit mois et j'y suis resté jusqu'à la classe de quatrième.

Parlez-moi de votre père. Quelle était votre relation avec lui ? Il a été votre premier professeur, bien sûr, mais aussi, je crois, votre premier employeur.

C'était un hébraïsant. Nous avions une relation très chaleureuse. Nous ne passions pas énormément de temps ensemble – pendant la journée, j'étais à l'école, ou dans la rue avec mes amis –, mais celui que nous avons partagé a été important, riche de sens. Le vendredi soir, nous lisions ensemble de la littérature hébraïque traditionnelle et moderne. Puisque mes parents étaient enseignants, nous avions de longues vacances d'été. Mon père travaillait pendant la journée, mais il revenait en fin d'après-midi et nous allions tous nager ensemble. Vers onze ou douze ans, je crois, j'ai commencé à m'intéresser à son travail intellectuel. Il terminait une thèse de doctorat sur David Kimhi, le grammairien médiéval de l'hébreu, et je me rappelle l'avoir lue. Je lisais aussi ses articles, et nous en discutions.

Pensez-vous que le fait de maîtriser une langue complexe, à la grammaire très dense, a contribué à vous former l'esprit ?

Difficile à dire. Cela a éveillé chez moi, c'est sûr, un intérêt pour la linguistique sémitique, que j'ai étudiée à l'université, et exercé probablement une influence indirecte sur mon choix de faire de la linguistique – mais je ne peux pas vraiment la cerner.

Dans De la propagande, *vous avez dit : « Mon développement intellectuel a été retardé quand je suis entré au lycée. J'ai sombré dans une sorte de trou noir*[1]*. »*

C'est tout à fait ça. Entrer au lycée a été un peu un choc. C'était un lycée très scolaire : rigueur et discipline. Pratiquement tout me déplaisait, sauf mes amis. Mais je m'en souviens très peu, alors que l'école primaire et la suite jusqu'en quatrième m'ont laissé des souvenirs très vifs. Le lycée, j'avais vraiment hâte d'en sortir.

Après, je suis allé à l'université locale de Philadelphie – l'université de Pennsylvanie. Je n'avais d'autre intention que d'habiter à la maison, travailler au *college* et prendre le bus entre les deux, et cela me convenait parfaitement. Le programme paraissait intéressant, stimulant. Mais au bout d'environ un an, j'ai perdu mes illusions. J'ai compris que tout cela n'était qu'une assommante continuation du lycée, et j'ai bien failli tout abandonner.

*Mais vous avez rencontré Zellig Harris *, qui enseignait la linguistique à l'université de Pennsylvanie.*

Je l'ai rencontré par le biais de la politique, quand j'avais dans les dix-sept ans. J'étais un étudiant de deuxième année très tenté de laisser tomber les études et, de fait, consacrant fort peu de temps aux travaux universitaires – je pense que ma matière principale, à l'époque, devait être le handball. J'étais aussi très engagé dans le mouvement sioniste, plus précisément dans sa tendance binationale, anti-État, et il se trouvait que Harris était une grande figure de cette mouvance. C'était un personnage très charismatique, intellectuellement stimulant, dont les autres centres d'intérêt – la pensée anarchiste, la gauche antibolchevique, etc. – étaient aussi ceux que j'essayais d'explorer de mon côté.

Je me doute, avec le recul, que Harris essayait de me ramener à l'université. Il ne le disait pas, mais

* De Zellig Harris, on peut lire en français *Notes du cours de syntaxe*, Paris, Éd. du Seuil, 1976 [*NdT*].

il m'a suggéré de venir suivre certains de ses cours de second cycle, et je l'ai fait. Il y avait quelques enseignants vraiment excellents, éparpillés dans différentes disciplines, un en mathématiques, un en philosophie, un ailleurs. En choisissant bien, on pouvait recevoir une formation excitante, sans trop de structures formelles. Et Penn * était assez décontractée pour que cela ne pose pas problème.

Avez-vous jamais vraiment eu un parchemin, un diplôme ?

J'ai fini par obtenir tous les diplômes en bonne et due forme, mais sans avoir satisfait aux formalités habituelles. Le département de linguistique était assez peu structuré. Fondamentalement, c'est Harris qui le dirigeait. En un sens, cela m'a avantagé de me trouver dans une université qui n'était pas très prestigieuse : il n'y avait pas de formalités pesantes, de surveillance tatillonne, etc. On pouvait faire plus ou moins ce qu'on voulait – du moins, moi, je l'ai pu.

Donc, si l'on inclut vos premières années, vous êtes enseignant depuis plus de six décennies. Vous avez eu des milliers d'élèves. Quelles qualités privilégiez-vous chez un étudiant ?

L'indépendance d'esprit, l'enthousiasme, l'attachement au champ d'étude, et la volonté de mettre

* Diminutif de l'université de Pennsylvanie [*NdT*].

en question, d'explorer des directions nouvelles. Quantité de gens ont ces qualités, mais l'école tend à les décourager.

Vous arrive-t-il de tant impressionner des étudiants – par votre célébrité, veux-je dire – qu'ils n'osent pas contester certaines de vos assertions ?

À l'occasion. C'est parfois arrivé avec des étudiants issus des systèmes d'éducation traditionnels des pays d'Asie, par exemple. Mais dans un endroit comme le MIT, c'est plutôt rare. C'est une université à base scientifique : les étudiants y sont incités à la recherche, à la remise en cause, au questionnement.

Tout en avançant dans votre carrière de linguiste, vous vous êtes engagé davantage en politique. Qu'en ont pensé vos parents ? N'ont-ils pas craint que cela ne vous attire des ennuis ?

J'ai toujours été engagé politiquement. Mais dans les années 1960 ils ont eu de quoi s'inquiéter, car j'ai été arrêté, j'ai risqué la prison, etc. Quand le problème d'Israël et des Palestiniens est devenu central, notamment après 1967, et qu'il y a eu cet énorme torrent de diffamations, de haine, d'injures, de dénonciations, ils ont soutenu mes idées, mais c'était difficile pour eux. Ils vivaient presque dans un ghetto juif, et ils étaient ulcérés par ces insultes hystériques, ces attaques personnelles. Mon père a même écrit des réponses dans la presse hébraïque contre certaines accusations. Ce n'était pas facile pour eux. En fait, plus ou moins inconsciemment, j'ai probablement arrondi les angles tant qu'ils ont été en vie, pour les épargner.

Vous avez reçu une formation en sciences exactes, où le critère suprême est la preuve expérimentale, tandis que l'idéologie, souvent, n'a besoin d'aucune preuve.

En fait, quand on est vraiment attaché à une idéologie, on nie les preuves et on s'efforce de les éviter. Cela dit, je n'ai pas reçu de formation en sciences exactes. J'ai une certaine culture scientifique – j'ai même travaillé dans les mathématiques, un moment –, mais n'exagérons pas. Comme je l'ai dit, je n'ai pratiquement aucune formation régulière dans aucun domaine, même en linguistique. Je suis avant tout un autodidacte. Mais je ne vois pas pourquoi on n'étudierait pas l'histoire, la société, l'économie par des méthodes fondamentalement semblables à celles qu'on utilise en science. Les preuves empiriques sont d'une importance cruciale. Mais elles nous submergent : il faut essayer de choisir ce qui est le plus significatif. Inévitablement, on aborde le concret avec certaines convictions, certains principes, qu'il faut garder ouverts au questionnement. Les problèmes sont différents en histoire et en physique, mais les méthodes d'approche devraient être à peu près les mêmes.

On vous dit parfois anarcho-syndicaliste, et je vous ai entendu vous définir comme un conservateur à l'ancienne. Comment ressentez-vous ces étiquettes ?

Je ne les utilise pas, mais je suis tout à fait conscient que mes idées sont issues de la tradition anarcho-syndicaliste. Je pense que l'anarcho-syndicalisme est une approche raisonnable aux problèmes généraux de la société humaine. Bien sûr, on ne peut pas prendre les théories anarchistes et les appliquer mécaniquement. Mais le contrôle ouvrier sur l'industrie et le contrôle populaire sur les localités me paraissent un fondement sensé pour une société complexe comme la nôtre. Quant à « conservateur à l'ancienne », je voulais par cette expression évoquer mes goûts personnels en musique, en littérature, etc., et dire aussi que je crois en la valeur des doctrines libérales classiques. Elles non plus ne sont pas mécaniquement applicables au monde moderne dans le langage où elles ont été formulées, mais je pense qu'il faut avoir beaucoup de respect pour les idéaux des Lumières – la rationalité, l'analyse critique, la liberté d'expression, la liberté d'investigation – et qu'on devrait essayer de les élargir, de les modifier et de les adapter à une société moderne.

On entend souvent parler, depuis quelque temps, d'« offensive contre les idées des Lumières », en particulier dans l'éducation : on enseigne l'abstinence et non les autres moyens de se protéger dans sa vie sexuelle, on défend le créationnisme, des manuels scolaires sont censurés. Êtes-vous inquiet de cette évolution ?

C'est un trait très inquiétant de la culture américaine. Aucun autre pays industriel ne présente un phénomène comparable au niveau d'extrémisme religieux et d'attachement à des idées irrationnelles que l'on voit couramment aux États-Unis. Devoir éviter d'enseigner l'évolution, ou faire semblant qu'on ne l'enseigne pas, c'est une situation unique dans le monde industriel. Et les statistiques sont ahurissantes. La moitié de la population, en gros, pense que le monde a été créé il y a environ deux mille ans. Un pourcentage très important, un quart peut-être, dit avoir personnellement vécu une expérience de *born-again* – un retour à la religion. Un nombre très important de gens croient en ce qu'on appelle *the Rapture*, l'Enlèvement *. De grosses

* Il s'agit d'une doctrine répandue dans certains milieux protestants américains (voir 1 Thessaloniciens 4, 17) et popularisée par certains films : juste avant la fin du monde, qui peut survenir à tout moment, l'ensemble des chrétiens vivants seront subitement « enlevés » et transportés au ciel – mais pas les autres. Pour ceux-ci, l'un des premiers effets sera un très grand nombre d'accidents de voiture, puisque beaucoup de véhicules continueront à rouler sans conducteur. D'où

majorités croient fermement aux miracles, à l'existence du diable, etc.

Ces modes de pensée remontent très loin dans l'histoire américaine, mais, ces dernières années, ils ont eu sur la vie sociale et politique un impact sans précédent. Avant Jimmy Carter, par exemple, aucun président des États-Unis n'a eu besoin de jouer au fanatique religieux, mais après lui tous ont dû le faire. Ce qui a contribué à un réel affaiblissement de la démocratie depuis les années 1970. Carter, probablement sans le vouloir, a enseigné cette leçon : en se présentant, sincèrement ou non, comme un chrétien évangélique qui craint la Bible, on peut mobiliser un vaste électorat. Jusque-là, les croyances religieuses relevaient du domaine privé. Il y a eu une mainmise délibérée de l'industrie des relations publiques sur le système électoral : aujourd'hui, elle vend les candidats comme des produits. Et l'image d'un croyant à la foi profonde, craignant Dieu, capable de nous protéger des menaces du monde moderne, ça se vend bien.

Je travaille à la radio, et nous ne pouvons pas passer à l'antenne Howl *d'Allen Ginsberg *, peut-être l'un des plus grands poèmes du XXe siècle, parce qu'il contient un mot interdit. Nous ne pouvons pas diffuser*

---

l'autocollant populaire : « En cas de *Rapture*, cette voiture n'aura pas de chauffeur » [*NdT*].

* Voir Allen Ginsberg, *Howl et autres poèmes*, éd. bilingue, trad. fr. de Robert Cordier et Jean-Jacques Lebel, Paris, Christian Bourgois, 2005 [*NdT*].

la chanson de Bruce Cockburn * Call It Democracy *parce qu'elle contient des propos très désobligeants sur le FMI. Ni* Hurricane, *la chanson de Bob Dylan sur l'injuste incarcération du célèbre boxeur Rubin « Hurricane » Carter ** : il y a aussi un mot tabou.*

Il y a une grande offensive contre la liberté d'expression partout, à la radio, dans les universités. Plus d'une douzaine de parlements d'États fédérés discutent à présent de projets de loi – que certains d'entre eux, je suppose, vont voter – visant à contrôler ce que disent les professeurs en salle de classe pour s'assurer qu'ils « n'endoctrinent pas les élèves[2] ». Comme l'a expliqué l'un de ceux qui parrainent ces projets de loi, « 80 % des [enseignants] [...] sont des démocrates, des libéraux, des socialistes, ou des communistes encartés[3] ». Cela relève d'une vieille fibre « nativiste *** » dont on fait aujourd'hui une arme contre toute institution qui n'est pas entièrement achetée ou contrôlée. Il est

* Bruce Cockburn est un chanteur engagé canadien. On trouvera le texte anglais de *Call It Democracy* à l'adresse http://www.ocap.ca/songs/democrac.html [*NdT*].

** Rubin « Hurricane » Carter, boxeur accusé à tort d'un triple meurtre dans un bar du New Jersey, fera vingt ans de prison avant d'être libéré et réhabilité. La chanson de Bob Dylan a contribué à faire connaître son cas pendant son incarcération [*NdT*].

*** Allusion à l'idéologie réactionnaire de défense des « Américains de souche », notamment contre l'immigration, bien présente dans l'histoire des États-Unis depuis le XIXe siècle [*NdT*].

clair que les universités sont de droite, mais elles ne sont pas des filiales à 100 % du monde des affaires, et ça c'est inacceptable.

Il y a aux États-Unis une tradition vivante de liberté académique. Elle est très importante, il ne faut pas la dénigrer. Cette liberté a été attaquée, mais on l'a protégée et défendue. Si elle a subi de graves revers au début des années 1950, l'épreuve a été finalement surmontée et nous avons même vu quelques excuses et rétractations des institutions pour leur comportement passé. Mais la liberté académique est attaquée constamment. Et aujourd'hui la pression monte, dans le cadre de l'effort pour asseoir la domination de l'extrême droite. Tout ce qui échappe à son contrôle doit être réprimé et discipliné.

J'aimerais maintenant vous poser une question sur les armes nucléaires. On vient d'annoncer que les États-Unis en développent une nouvelle génération.

Les puissances nucléaires signataires du traité de non-prolifération des armes nucléaires (TNP) ont obligation de mener des négociations de bonne foi pour éliminer leurs arsenaux atomiques. C'est un élément du compromis dans le cadre duquel les autres pays ont accepté de ne pas se doter de l'arme nucléaire. Toutes les puissances nucléaires du TNP ont violé l'accord, mais les récentes initiatives de l'administration Bush dépassent de très loin le

« non-respect des engagements pris ». Ces mesures sont présentées comme anodines : nous allons simplement améliorer les armes et les rendre plus sûres. En réalité, nous nous dirigeons probablement vers une reprise des essais nucléaires et le développement d'armements plus destructeurs. C'est d'autant plus dangereux que les États-Unis se réservent officiellement le droit d'utiliser les armes nucléaires dans une première frappe, même contre des puissances non nucléaires. Nous entendons dire tous les jours que des pays non nucléaires sont peut-être en train de devenir nucléaires, et nous ne le souhaitons sûrement pas. Mais quand ce sont les puissances nucléaires qui violent le traité, c'est beaucoup plus grave et dangereux. Elles ont déjà conduit plusieurs fois le monde tout au bord de la destruction, et elles vont très probablement recommencer.

L'année 2005 marque le soixantième anniversaire des bombardements atomiques d'Hiroshima et de Nagasaki. Vous aviez seize ans à l'époque. Qu'est-ce que cela vous a fait ?

J'étais à ce moment-là moniteur stagiaire dans une colonie de vacances de langue hébraïque, quelque part dans les montagnes Poconos, près de Philadelphie où nous vivions. Nous venions d'entendre les informations. Et je me rappelle très bien en avoir été, si je puis dire, doublement secoué : d'abord par la nouvelle, puis par l'indifférence générale, qui m'a paru si stupéfiante, si incroyable, que je suis parti dans les bois où j'ai passé deux heures tout seul, à y penser.

Peut-être était-ce parce que personne ne pouvait comprendre ce que cela voulait dire ? Ce n'était qu'une grosse bombe de plus ?

Je ne crois pas. C'est un phénomène qui n'est pas si rare. Est-ce surprenant que les gamins d'une colonie de vacances n'aient pas prêté grande attention à cette nouvelle, qu'il y avait eu un bombardement atomique ? Remontons un ou deux mois plus tôt. En mars 1945, il y a eu un raid aérien sur Tokyo : cette ville avait été prise pour cible parce que les Alliés savaient qu'ils pouvaient facilement la détruire, puisqu'elle était essentiellement en bois. Nul ne sait combien il y a eu de morts. 100 000 personnes, peut-être, ont été brûlées vives. Vous souvenez-vous de la moindre discussion là-dessus ? En fait, le cinquantième anniversaire du bombardement incendiaire est passé pratiquement inaperçu.

Quand vous pensez à toutes ces années d'enseignement et de militantisme – qu'avez-vous cherché à faire ?

Mon enseignement et mon militantisme ont des objectifs différents. Dans l'enseignement et la recherche, qui sont inséparables, mon but est de comprendre quelque chose de la nature de l'esprit humain. Je m'intéresse particulièrement au langage, mais en tant que fenêtre ouverte, en quelque sorte, sur la nature des systèmes cognitifs – des systèmes de pensée, d'interprétation et de préparation à l'action. J'ai mes propres centres d'intérêt. L'un d'eux est un sujet qui a été très difficile à étudier jusqu'à tout récemment : dans quelle mesure les caractéristiques des systèmes biologiques – et je considère que les systèmes de pensée, de préparation à l'action et de langage sont des systèmes biologiques – peuvent-elles être déterminées par des propriétés très générales de la loi physique, des principes mathématiques, etc. ? Aujourd'hui, on commence à avoir des intuitions sur ces questions. Ce travail est très excitant, du moins pour moi, depuis quelques années.

Quant au militantisme, c'est simple. Il y a une immense souffrance, une énorme misère humaine qu'on peut alléger et éliminer. Il y a une oppression qui ne devrait pas exister. Il y a une lutte permanente pour la liberté. Il y a de très graves dangers : l'espèce humaine se dirige peut-être vers son extinction. Je n'arrive pas à comprendre comment quelqu'un peut juger inintéressant d'essayer d'aider les gens à s'engager davantage dans une réflexion sur ces problèmes et une action à leur sujet.

9.

Un autre monde est possible

Lexington, Massachusetts (8 février 2005)

Nous avons parlé de la montée du fondamentalisme religieux aux États-Unis. Comment s'explique-t-elle, selon vous ?

Ce n'est pas vraiment une montée. Ce pays est profondément religieux depuis longtemps. En fait, je déteste utiliser le mot *religieux*. L'une des raisons pour lesquelles je n'aime pas ce terme, c'est que l'on pourrait soutenir que la religion organisée est sacrilège. Elle est fondée sur des conceptions très étranges de la divinité. S'il existait un dieu, ça ne lui plairait pas. Mais employons tout de même le mot. Les États-Unis sont un pays très religieux depuis l'origine. La Nouvelle-Angleterre a été colonisée par des fondamentalistes extrémistes qui se considéraient comme les enfants d'Israël, fidèles aux ordres du dieu guerrier qu'ils adoraient en purifiant le pays des Amalécites. Quand on lit les récits de certains massacres, celui des Pequot par exemple, on croirait des chapitres empruntés aux livres les plus génocidaires de la Bible, que les colons, d'ailleurs, citaient abondamment. L'expansion vers l'ouest a été stimulée par un fondamentalisme religieux d'origine pseudo-biblique. Les territoires espagnols ont été conquis au nom de la nécessité d'extirper l'hérésie papiste.

En général, les croyances religieuses extrémistes sont inversement corrélées à l'industrialisation : plus la modernisation est poussée, moins il y a d'attachement à l'extrémisme religieux. Mais aux États-Unis, cette règle s'effondre complètement. Nous sommes comme une société sous-développée à cet égard. Je me souviens d'avoir traversé le pays en voiture il y a cinquante ans en écoutant la radio. Je n'en croyais pas mes oreilles. Des prédicateurs délirant, hurlant... c'est vraiment inimaginable partout ailleurs.

Quant aux changements de ces dernières années, je pense qu'ils concernent moins le niveau de religiosité que l'irruption de la religion au sein du système politique et de la vie publique. Nous avons dit que tous les présidents depuis Carter ont été tenus d'être « religieux », mais on peut observer ce processus dans tous les domaines.

L'enseignement de l'évolution, jugé normal dans tout autre pays, est extrêmement difficile aux États-Unis. Et depuis longtemps. Je me souviens de l'époque où ma femme étudiait la sociologie à l'université, à la fin des années 1940. Elle m'avait rapporté cette phrase de son professeur : « Le prochain cours portera sur l'évolution. Vous n'avez pas à y croire. Mais il est bon que vous sachiez ce que pensent certaines personnes. » Je ne crois pas que cela pourrait se produire dans un autre pays industriel. Et ce n'était pas le Sud profond. C'était l'université de Pennsylvanie. Donc, nous pouvons discuter des causes de l'extrémisme religieux aux États-Unis, mais c'est un aspect indéniable de l'exception américaine, un parmi tant d'autres.

L'une des causes possibles est un phénomène dont nous avons déjà parlé : les États-Unis ont toujours été un pays vivant dans la peur. Ici, le sentiment d'insécurité est particulièrement fort, ce qui pourrait avoir un lien avec l'ampleur du fondamentalisme religieux. Les États-Unis sont le pays le plus puissant et le plus sûr du monde, et de très loin, mais aussi celui qui se sent le plus en danger. John Lewis Gaddis *, le célèbre historien, a récemment publié une analyse favorable de la Stratégie de sécurité nationale de Bush. Il en repère l'origine dans l'histoire des débuts des États-Unis, et remonte

* John Lewis Gaddis, historien de l'université Yale, est un spécialiste de la guerre froide et le biographe de George Kennan [*NdT*].

notamment à John Quincy Adams *, qui a mis au point la grande stratégie de conquête du continent. La clé de voûte de son raisonnement est un célèbre article qu'Adams a rédigé en 1818 pour justifier la conquête de la Floride par Andrew Jackson pendant la première guerre séminole [1].

Gaddis cite cet argument d'Adams : il était nécessaire d'attaquer la Floride pour protéger la sécurité américaine, car cette zone était un « État raté » – il a vraiment utilisé l'expression –, une sorte de « vide du pouvoir » qui menaçait les États-Unis.

Mais, si l'on examine la recherche scientifique réelle, cela devient tout à fait intéressant. Gaddis sait sûrement que les livres savants qu'il cite soulignent que l'invasion de la Floride par Andrew Jackson n'avait strictement rien à voir avec la sécurité. C'était une entreprise d'expansion, une tentative pour s'emparer des colonies espagnoles. Et les seules menaces étaient des Indiens « sans foi ni loi » et des esclaves en fuite. Les Indiens étaient « sans foi ni loi » parce qu'ils se faisaient chasser de leurs foyers et assassiner, et les esclaves étaient en fuite parce qu'ils ne voulaient pas être esclaves. Il y avait des attaques indiennes contre des colonies améri-

* Secrétaire d'État du président James Monroe de 1817 à 1825 (avant de lui succéder à la présidence de 1825 à 1829), John Quincy Adams est l'auteur de la « doctrine de Monroe ». Il a joué un rôle essentiel dans la conquête de la Floride et la signature du « traité transcontinental » de 1819 avec l'Espagne, qui donnait aux États-Unis des frontières précises jusqu'au Pacifique (plus tard repoussées vers le sud) [*NdT*].

caines, mais c'étaient des représailles contre des agressions américaines. On appelait cela du terrorisme, bien sûr, et pour nous en protéger nous avons dû conquérir la Floride.

Que veut prouver Gaddis ? Qu'il y a un principe directeur dans l'histoire des États-Unis : la seule façon d'obtenir la sécurité, c'est l'expansion. Comme nous n'avions pas envahi la Floride, nous étions en état d'insécurité, et pour avoir la sécurité il a fallu l'expansion. Les combats pour s'emparer de la Floride ont tourné à une véritable guerre d'extermination – sanguinaire, brutale, haineuse. Mais aucun problème, puisque nous l'avons fait pour la sécurité. On peut suivre ce thème à travers l'histoire, jusqu'à nos jours. C'est par les mêmes arguments qu'est justifiée, à l'heure où nous parlons, la militarisation de l'espace : le seul moyen d'être en sécurité, c'est l'expansion dans l'espace, et finalement sa possession.

Il y a une autre face de la religion aux États-Unis : la dissidence, l'opposition. On l'a vu dans le mouvement de solidarité avec l'Amérique centrale au cours des années 1980, et plus récemment pendant l'invasion de l'Irak : certains ecclésiastiques, certaines Églises ont protesté ouvertement.

L'Amérique centrale a été un cas tout à fait frappant, parce que les États-Unis, au fond, faisaient la guerre à l'Église catholique. Dans les années 1960 et 1970, l'Église catholique en Amérique latine s'était vraiment éloignée de sa vocation traditionnelle. Elle avait adopté certaines thèses de la théologie de la libération, et elle avait admis ce qu'on appelait « l'option préférentielle pour les pauvres ». Des prêtres, des religieuses, des auxiliaires laïques rassemblaient les paysans en communautés : ils lisaient les Évangiles et en tiraient des leçons d'organisation, dont ils pouvaient se servir pour essayer de reprendre le contrôle de leur vie. Ce qui a immédiatement fait de ces religieux, bien sûr, de terribles ennemis des États-Unis, et Washington a déclenché une guerre pour les détruire. Par exemple, l'un des arguments publicitaires de la School of the Americas, qui en 2000 a pris le nom de Western Hemisphere Institute for Security Cooperation, c'est que l'armée américaine a contribué à « vaincre la théologie de la libération », ce qui est exact[2].

Le mouvement de solidarité avec l'Amérique centrale des années 1980 qui s'est développé aux États-Unis a été un phénomène entièrement neuf. Je ne crois pas qu'il y ait eu quelque chose de ce genre dans l'histoire de l'Europe. Je ne connais personne en France qui soit allé vivre dans un village algérien pour aider les gens et les protéger contre les paras français en maraude. Mais, au cours des années 1980, des dizaines de milliers d'Américains sont allés protéger des populations agressées par les États-Unis. Le foyer de ces mouvements de solidarité américains des années 1980 ne se trouvait pas dans les universités huppées mais dans des églises, dont certaines églises du Midwest et des zones rurales. Ce n'était pas comme dans les années 1960. Il s'agissait d'« Américains moyens ».

Il est intéressant de réfléchir à ce qui s'est passé à l'époque. Voici un pays jugé très religieux, les États-Unis, qui part en guerre contre une religion organisée. Et la raison, c'était que l'Église œuvrait pour les pauvres. Tant que la religion travaille pour les riches, c'est très bien ; mais pour les pauvres, non.

Changeons de sujet : passons à l'économie de l'empire. Aujourd'hui le dollar est faible, les déficits publics montent, l'endettement des consommateurs aussi, les taux d'intérêt des cartes de crédit augmentent, les taux d'épargne personnelle n'ont jamais été aussi bas, et les investisseurs étrangers financent la dette américaine en achetant des bons du Trésor. Combien de temps cela peut-il durer ?

On ne sait pas vraiment. Pour la dette, la situation est compliquée. L'endettement des ménages est gigantesque mais celui des firmes est très faible. Les entreprises font d'immenses profits. C'est l'une des composantes de la réorganisation en cours de l'économie, dans l'intérêt des super-riches et des firmes et au détriment de la masse de la population. Le rapport revenu imposé sur PIB n'a peut-être jamais été aussi faible, et la part des ménages est bien plus lourde qu'avant. Les entreprises ne paient quasiment pas d'impôts. Le taux de la taxe sur les sociétés est déjà très bas, mais celles-ci ont mis au point toute une gamme de techniques compliquées, si bien que, souvent, elles ne paient rien du tout.

Je vais vous donner un exemple. Au milieu des années 1990, les « marchés émergents » latino-américains, comme on disait, ont suscité beaucoup d'excitation. Par curiosité, je me suis mis à lire les rapports du département du Commerce sur l'investissement direct étranger (IDE) en Amérique latine. Il avait effectivement augmenté au milieu des années 1990, mais sa composition était des plus intéressantes. Invariablement, à peu près 25 % de l'IDE allait aux Bermudes, 15 % aux îles Caïmans britanniques et 10 % à Panama. Cela fait, en gros, 50 % de ce qu'ils appellent « investissement direct étranger », et cet argent ne servait sûrement pas à construire des aciéries. Il s'agissait tout bonnement de flux financiers vers divers paradis fiscaux. Quant au reste, l'essentiel allait aux fusions et acquisitions, etc. Ce sont des sommes gigantesques. L'échelle du vol pur et simple dont se rend coupable le pouvoir des grandes firmes est énorme.

En tout cas, les entreprises et les riches ne paient pratiquement pas d'impôts, donc cela va très bien pour eux. Mais la masse de la population a subi trente ans de stagnation ou de baisse des salaires réels, d'allongement de la durée du travail et de réduction des avantages sociaux. Je ne crois pas qu'il y ait eu une période comme celle-là dans l'histoire américaine.

Les États-Unis restent un pays très riche. Ils ont des atouts énormes, la taille, les ressources, tout ce qu'on peut imaginer. Mais ils sont soumis à une politique intérieure effrayante. Les économistes prudents s'arrachent les cheveux en voyant l'administration Bush enfermer délibérément le pays dans une situation d'endettement incroyable. L'idée de Bush et de ses collaborateurs, c'est de transférer les coûts aux générations futures. Tel est leur plan fondamental. Leurs valeurs, c'est de servir les riches et les puissants en transférant les coûts à la masse de la population des générations futures. Les voilà, leurs « valeurs morales » dont on parle tant.

Prenons le coût de la santé, qui augmente immensément. Les États-Unis ont un système de santé extrêmement inefficace, le pire du monde industriel, avec d'énormes dépenses, bien plus élevées que dans tout autre pays, et des résultats relativement mauvais. Et les dépenses continuent à monter, à cause de la puissance fantastique des firmes pharmaceutiques et de tous les coûts de gestion qu'implique un système de santé privé. C'est une crise réelle, pas comme celle de la Social Security, qui n'existe pas.

Pourquoi veulent-ils réformer la caisse de retraites publique et pas le système de santé ? Cela me paraît évident. Prenez quelqu'un comme moi, professeur d'université excessivement bien payé, et aujourd'hui à la retraite. Je reçois la pension de la Social Security, mais cela ne représente pas une si grande partie de mes revenus. Je bénéficie de soins médicaux fantastiques, parce que je suis riche et que les soins sont rationnés en fonction de la richesse. Quand on est riche, le système fonctionne très bien. Les compagnies d'assurances, les HMO, les firmes pharmaceutiques font vraiment merveille. Pour les riches, tout va très bien. La grande majorité de la population n'a pas accès à des soins médicaux décents ? Ce n'est pas notre problème. Le coût de la santé est astronomique ? Tant pis.

L'administration a récemment annoncé une réduction du financement fédéral de Medicaid[3] *. Seuls les pauvres en souffriront, donc pas de problème. Mais la Social Security, ça, c'est un problème : elle ne fait absolument rien pour les riches. C'est un système inutile.

Combien de temps tout cela peut durer, je crois que personne ne le sait vraiment. Il peut y avoir une révolte, il peut y avoir un énorme krach économique, il peut y avoir une politique aventuriste conduisant à une grande guerre.

À propos de la santé, vous m'avez dit dernièrement que vous aviez fait une visite à la clinique du MIT.

Je suis au MIT depuis longtemps, donc nous connaissons, ma femme et moi, de nombreux membres de l'équipe médicale. Ils disent qu'ils

---

* Medicaid est un programme de financement des soins médicaux qui ne concerne que les plus démunis. Les États-Unis n'ont pas d'« assurance maladie » pour les autres – sauf les retraités, qui bénéficient de Medicare sans conditions de ressources [*NdT*].

passent maintenant 40 % de leur temps, peut-être, à remplir des formulaires. Ils sont soumis à une surveillance et à un contrôle constants. Ils perdent énormément de temps à produire des tonnes de paperasses qui ne sont pas nécessaires. Et tout cela, ce sont des coûts.

Les économistes ont une façon très idéologique de mesurer les coûts. Je suis sûr que vous avez déjà fait l'expérience, mais supposons que vous vouliez commander un billet d'avion, faire corriger une erreur sur votre relevé bancaire, suspendre la livraison à domicile de votre journal, etc. Avant, vous pouviez passer un seul coup de fil, parler à quelqu'un et régler le problème en deux minutes. Maintenant, que se passe-t-il si vous appelez un numéro ? Vous avez un message préenregistré qui dit : « Merci de votre appel. Nous vous remercions de nous avoir choisis. Tous nos conseillers sont en ligne. » Puis, vous avez un menu auquel vous ne comprenez rien, et qui de toute manière ne comporte pas ce que vous voulez. On finit donc par vous dire : « Veuillez patienter. Un conseiller va prendre votre appel. » Alors vous attendez, et on vous passe une petite chanson, interrompue de temps à autre par la même voix préenregistrée qui vous prie de continuer à patienter. Et vous pouvez attendre pendant une heure. Enfin, quelqu'un vient en ligne : il se trouve probablement en Inde, il ne sait pas très bien de quoi vous parlez... Résultat : peut-être aurez-vous ce que vous voulez, mais peut-être pas.

Mesuré à la mode des économistes, tout cela est extrêmement efficace. Cette méthode accroît la productivité, et la productivité, c'est l'essentiel, parce que c'est elle qui améliore la vie de chacun. Pourquoi est-ce efficace ? Parce que c'est moins cher pour les entreprises. Les coûts sont transférés aux consommateurs, bien sûr, mais là, on ne les mesure plus. Personne ne mesure le temps qu'il vous faut pour faire réaliser une tâche simple, corriger une erreur, etc. On ne le compte pas, tout simplement. Si l'on prenait en compte ce genre de coûts réels, l'économie serait parfaitement inefficace. Mais le principe idéologique est clair : compter uniquement les coûts qui pèsent sur les riches et sur les entreprises.

Une étude récente de la Harvard Medical School et de Public Citizen a comparé les systèmes de santé des États-Unis et du Canada [4]. Elle a conclu que les États-Unis dépensent chaque année en coûts administratifs plusieurs centaines de milliards de dollars de plus que le Canada. Ces chercheurs ont entrepris, entre autres, de comparer l'un des principaux hôpitaux de Boston avec un grand hôpital de Toronto. Quand leur équipe a visité l'établissement de Toronto, elle a demandé à voir le service des facturations. Personne ne savait où il était. Finalement, on a découvert un petit bureau quelque part au sous-sol qui avait une section facturation pour les citoyens américains qui se rendent au Canada. À Boston, le service des facturations occupe tout un étage plein de comptables, d'ordinateurs et de paperasse. Ça fait des frais !

Au cours d'un de vos exposés dans le cadre du programme de Harvard pour la formation des syndicalistes, vous avez dit que les États-Unis ont bel et bien une forme de « couverture maladie universelle ». Cela s'appelle les urgences. Explication ?

La plupart des États ont des lois stipulant que, si vous vous présentez aux urgences, on doit vous soigner même si vous n'êtes pas assuré. C'est donc une couverture universelle. Parfois, il y a une telle affluence aux urgences que tout le monde ne peut pas entrer. Et si l'on y parvient, il faudra peut-être attendre longtemps pour bénéficier des secours d'un médecin. L'un de mes amis a dû emmener à l'hôpital son père gravement malade. Celui-ci n'ayant pas d'assurance maladie, mon ami a dû s'installer aux urgences pendant trois jours en lui apportant de quoi manger et en s'occupant de lui *avant* que les médecins l'aient vu. Son père n'était pas à l'agonie, il avait seulement besoin d'être soigné.

Il y a deux ou trois mois, j'ai eu des saignements de nez incontrôlables. Ils ne menaçaient pas ma vie, mais étaient sacrément gênants. J'ai appelé le MIT et ils m'ont dit d'aller à la Lahey Clinic, un complexe hospitalier très chic pour personnes très élégantes, proche de mon domicile. Je me suis donc rendu aux urgences de la Lahey, où j'ai attendu deux ou trois heures. Après quoi j'ai été enfin traité par un spécialiste infiniment plus compétent que ce qui était nécessaire dans mon cas. Le système des urgences ne donne pas aux patients le type de soins dont ils ont besoin. Il fait perdre un temps considérable. Il ne fait pas de médecine préventive, celle qui cherche à éviter aux gens de tomber malades. C'est le type de couverture universelle le plus coûteux et le plus inefficace qu'on puisse imaginer.

Le centre-ville de Boston a deux grands hôpitaux, situés juste à côté l'un de l'autre : l'hôpital de la ville de Boston, géré par la municipalité, et un hôpital privé qui fait partie du système de soins Tufts. Je suis allé il y a quelque temps faire une conférence au personnel de l'hôpital de la ville de Boston, et on m'a dit : si une ambulance se présente au Tufts Medical Center, elle sera souvent réorientée sur l'hôpital municipal. C'est que, si une ambulance amène un malade dans un hôpital, celui-ci doit s'occuper du patient et, s'il est indigent, payer pour lui. Ils préfèrent que ce soit la ville qui paie, donc ils l'envoient à la porte à côté.

*Ce problème devrait être un énorme levier pour mobiliser la population. Quarante-cinq millions d'Américains n'ont pas la moindre assurance maladie, et pourtant les gens semblent plus préoccupés par Janet Jackson qui a montré ses seins au Super Bowl *.*

---

* En 2004, lors d'un spectacle à la mi-temps du Super Bowl – la grande finale du football américain –, la chanteuse Janet

Je ne crois pas que cela les préoccupe davantage. Je pense qu'ils sont très sensibles au problème de la santé. Chaque fois que la question est posée dans les sondages, elle est classée comme une des préoccupations majeures. La dernière fois que j'ai vu l'une de ces enquêtes, je crois qu'environ les trois quarts de la population voulaient une hausse des dépenses publiques de santé[5].

Je connais bien ces sondages, mais ce qui me frappe, c'est que des centaines de milliers de personnes sont descendues dans la rue pour protester contre la guerre en Irak, et que la santé, qui touche tout le monde, ne paraît pas un problème aussi urgent.

Les centaines de milliers de personnes dans la rue, c'est ponctuel. On organise une manifestation et les gens viennent. Puis la plupart rentrent chez eux et reprennent le cours de leur vie. La santé, c'est une tout autre question. On n'y arrivera pas avec une seule manifestation. Il faut une société démocratique qui fonctionne, avec des associations

---

Jackson a montré un sein orné d'une étoile pendant quelques secondes, en direct, devant une centaine de millions de téléspectateurs. Ce qui a créé un énorme scandale, valu au réseau CBS, diffuseur du Super Bowl, des milliers de lettres de protestation et une amende d'un demi-million de dollars, et suscité, paraît-il, plus de recherches sur Internet que les attentats du 11 septembre [*NdT*].

populaires, des syndicats, des groupes politiques travaillant en permanence sur le sujet. C'est de cette façon-là qu'on peut organiser les gens pour obtenir un système de santé publique. Mais c'est ce qui nous manque.

Les États-Unis sont fondamentalement un « État raté », comme on dit. Ils ont des institutions démocratiques formelles, mais elles fonctionnent à peine. Donc, si près des trois quarts de la population pensent que nous devrions avoir, sous une forme ou sous une autre, un système de santé financé par l'État, ça ne compte pas. Plus : si une large majorité considère l'accès aux soins comme une valeur morale, ça ne compte pas. Quand les commentateurs s'emportent sur les valeurs morales, ils parlent d'interdire le mariage gay, pas de poser en principe que tout le monde doit pouvoir se faire soigner décemment. Et la raison est simple : ce n'est pas dans leur intérêt. Ils sont comme moi, ils reçoivent des soins excellents. Pourquoi verraient-ils un problème ? Mais, pour la grande majorité de la population, le manque de soins médicaux est un problème majeur, et qui ne cesse de s'aggraver. Quand Medicaid sera supprimé, ce qui va probablement arriver, sa disparition portera un coup très dur à beaucoup de gens. Mais ces gens ne sont pas organisés. Ils ne sont pas dans les syndicats, ils ne sont pas dans les associations, ils n'adhèrent à aucun parti politique. Le génie de la politique américaine a été de marginaliser et d'isoler les individus. Si l'on cherche avec un tel acharnement à détruire les syndicats, l'une des grandes raisons est qu'ils constituent l'un des rares mécanismes permettant aux gens ordinaires de se rassembler pour faire contrepoids à la concentration du capital et du pouvoir. C'est pour cela que l'histoire du mouvement ouvrier aux États-Unis est aussi violente : elle est faite d'efforts répétés pour anéantir les syndicats chaque fois qu'ils font des progrès.

Le Missouri et l'Indiana viennent de retirer aux fonctionnaires le droit de négocier collectivement[6].

L'État fédéral en a fait autant. C'est l'une des escroqueries du département de la Sécurité intérieure créé par l'administration Bush : il a privé 180 000 fonctionnaires de leurs droits syndicaux[7]. Pourquoi ? Vont-ils travailler moins efficacement s'ils sont syndiqués ? Non. C'est simplement pour que les gens ne puissent pas se rassembler afin de tenter d'obtenir des soins médicaux décents, des salaires décents, tout ce qui bénéficie à la population et pas aux riches ; pour éliminer cette menace. On peut presque prédire la politique qui va être suivie à l'aide de ce critère simple : cela profite-t-il aux riches ou à la population ? Avec cette question, on peut pratiquement déduire ce qui va se passer.

On vous interroge souvent sur les perspectives d'avenir. Certains pensent que le Forum social mondial, qui rassemble chaque année des dizaines de milliers de militants du monde entier, est une source d'espoir dans le monde actuel. Son thème central est : « Un autre monde est possible. » C'est une formule qui m'intéresse : pas une question, une affirmation. À quoi pourrait ressembler un autre monde qui vous plairait ?

On peut commencer par de petits changements. Je pense que ce serait un progrès, par exemple, si les États-Unis devenaient aussi démocratiques que le Brésil. Cela ne sonne pas comme un objectif utopique, non ? Mais comparons les dernières élections au Brésil et ici. Au Brésil, où les mouvements populaires sont dynamiques, les gens ont réussi à élire un président issu de leurs rangs : Lula. Peut-être n'aiment-ils pas tout ce que fait Lula en ce moment, mais c'est un personnage impressionnant, un ancien ouvrier sidérurgiste. Je ne crois pas qu'il soit jamais allé à l'université. Et ils ont pu l'élire président. C'est inconcevable aux États-Unis. Ici, nous devons choisir entre deux gosses de riche de Yale. C'est parce que nous n'avons pas d'organisations populaires, et que les Brésiliens en ont.

Prenons Haïti. On dit que c'est un « État raté », mais une élection démocratique comme celle qu'a connue Haïti en 1990, nous ne pouvons qu'en rêver ! Dans ce pays extrêmement pauvre, les gens des montagnes et des bidonvilles ont vraiment fait bloc, et ils ont élu leur propre candidat. Cette élection a été un choc terrible pour tout le monde, c'est pourquoi en 1991 il y a eu un coup d'État militaire soutenu par les États-Unis pour écraser le gouvernement démocratique. Vouloir devenir aussi démocratique qu'Haïti, cela ne paraît pas si utopique ! Vouloir un système de santé publique comme celui du Canada, ce n'est pas demander la lune ! Avoir une société où la richesse du pays ne soit pas concentrée entre les mains d'une élite minuscule, ce n'est pas de l'utopie.

À partir de là, nous pourrons passer à des objectifs bien plus ambitieux. Parmi les institutions fondamentales de notre société, beaucoup sont totalement illégitimes. Faut-il absolument que les entreprises soient contrôlées par les directeurs et les propriétaires et gérées pour le confort des actionnaires, au lieu d'être contrôlées par ceux qui y travaillent et gérées dans l'intérêt de la collectivité et des travailleurs ? Ce n'est pas une loi de la nature.

Notes

1. Ambitions impériales

1. Maison-Blanche, *The National Security Strategy of the United States of America*, rendue publique le 17 septembre 2002, en ligne à l'adresse http://www.whitehouse.gov/nsc/nss.html.

2. Linda Feldmann, *Christian Science Monitor*, 14 mars 2003.

3. Peter Ford, *Christian Science Monitor*, 11 septembre 2002. Voir aussi sondages cités *in* Noam Chomsky, *Hegemony or Survival*, Owl Books, 2004, p. 41 ; trad. fr. de Paul Chemla, *Dominer le monde ou sauver la planète ?*, Paris, Fayard, 2004, rééd., 10/18, 2005, p. 61-62.

4. Noam Chomsky, « Confronting the Empire », 2 février 2003, en ligne à l'adresse http://www.chomsky.info/talks/20030201.htm.

5. Dean Acheson, *Proceedings of the American Society of International Law*, n° 13/14, 1963.

6. *Foreign Relations of the United States* (1945), vol. 8, p. 45.

7. Andy Webb-Vidal, *Financial Times* (Londres), 14 janvier 2005.

8. Stephen Farrell, Robert Thomson et Danielle Haas, *The Times* (Londres), 5 novembre 2002.

9. Robert Olsen, *Middle East Policy*, vol. 9, n° 2, juin 2002.

10. Richard Wilson, *Nature*, vol. 302, n° 31, mars 1983.

11. Imad Khadduri, « Uncritical Mass », manuscrit, 2003. Michael Jansen, *Middle East International*, 10 janvier 2003.

Scott Sagan et Kenneth Waltz, *The Spread of Nuclear Weapons*, Norton, 1995, p. 18-19.

12. Robert S. Greenberger, *Wall Street Journal*, 21 mars 2003.

13. *Ha'aretz* et *Jerusalem Post*, 4 décembre 2002. Résolution 252 du Conseil de sécurité des Nations unies (21 mai 1968).

14. Steven R. Weisman, *New York Times*, 15 mars 2003. Texte du discours du président, *New York Times*, 15 mars 2003.

15. Noam Chomsky interviewé par Cynthia Peters, *ZNet*, 9 mars 2003.

16. Rachel Meeropol (éd.), *America's Disappeared*, Seven Stories Press, 2005.

2. Langage collatéral

1. Randal Marlin, *Propaganda and the Ethics of Persuasion*, Broadview Press, 2002, p. 66.

2. Pour des références et plus de détails, voir Noam Chomsky, *Necessary Illusions*, South End Press, 1989, p. 16-17.

3. Michael Dawson, *The Consumer Trap*, University of Illinois Press, 2003.

4. Stuart Ewen, *Captains of Consciousness*, McGraw-HiII, 1976, p. 85 ; trad. fr. de Gérard Lagneau, *Consciences sous influence. Publicité et genèse de la société de consommation*, Paris, Aubier-Montaigne, 1983, p. 92.

5. Les deux citations sont extraites de la Convention fédérale de 1787. Voir Rufus King, *Life and Correspondence of Rufus King*, G.P. Putnam's Sons, 1894, t. I, p. 587-619 ; et Robert Yates, « Notes of the Secret Debates of the Federal Convention of 1787 », in *Documents Illustrative of the Formation of the Union of the American States*, Government Printing Office, 1927.

6. Harold Lasswell, « Propaganda », *Encyclopedia of the Social Sciences*, Macmillan, 1935, p. 521-528.

7. Adam Nagourney et Richard W. Stevenson, *New York Times*, 5 avril 2003.

8. Martin Sieff, *American Conservative*, 4 novembre 2002.

9. Howard LaFranchi, *Christian Science Monitor*, 14 janvier 2003. Linda Feldmann, *Christian Science Monitor*, 14 mars 2003. Jim Rutenberg et Robin Toner, *New York Times*, 22 mars 2003.

10. Sur l'impact des sanctions, voir Anthony Arnove (éd.), *Iraq under Siege*, 2e éd., South End Press, 2002 ; trad. fr. de Paul Delifer, *L'Irak assiégé, les conséquences mortelles de la guerre et des sanctions*, Paris, Parangon, 2003. Voir aussi Carl Kaysen *et al.*, *War with Iraq*, American Academy of Arts and Sciences, Committee on International Security Studies, 2002.

11. Département d'État, *World Military Expenditures and Arms Transfers* [WMEAT], 6 février 2003.

12. Ruth Leacock, *Requiem for Revolution*, Kent State University Press, 1990, p. 33.

13. Executive Order 12513, *Prohibiting Trade and Certain Other Transactions Involving Nicaragua*. Voir aussi *New York Times*, 2 mai 1985 ; et Noam Chomsky, *Turning the Tide*, South End Press, 1986, p. 144, pour plus de détails.

14. Jim Rutenberg, *New York Times*, 1er avril 2003.

15. Charles Glass, *London Review of Books*, 17 avril 2003.

16. Neely Tucker, *Washington Post*, 3 décembre 2002. Neil A. Lewis, *New York Times*, 9 janvier 2003.

17. Jack M. Balkin, *Los Angeles Times*, 13 février 2003. Voir aussi Rachel Meeropol (éd.), *America's Disappeared*, Seven Stories Press, 2005.

18. Winston Churchill, cité par A.W. Brian Simpson, *Human Rights and the End of Empire*, Oxford University Press, 2001, p. 55.

19. *Nightline*, édition spéciale, ABC News, 31 mars 2003.

20. David Lloyd George, cité par V.G. Kiernan, *European Empires from Conquest to Collapse, 1815-1960*, Leicester University Press/Fontana Paperbacks, 1982, p. 200.

21. Kate Zernike, *New York Times*, 5 avril 2003.

3. Changement de régime

1. Éditorial, *New York Times*, 6 août 1954.

2. State Department Policy Planning Council [Conseil de

planification politique du département d'État] (1964), cité *in* Piero Gleijeses, *Conflicting Missions*, University of North Carolina Press, 2002, p. 26.

3. The Research Unit for Political Economy, *Monthly Review*, vol. 55, nº 1, mai 2003.

4. William Stivers, *Supremacy and Oil*, Cornell University Press, 1982, p. 28-29, 34 ; Stivers, *America's Confrontation with Revolutionary Change in the Middle East*, St. Martin's Press, 1986, p. 20 *sq*.

5. Organigramme accompagnant l'article de James Dao et Eric Schmitt, *New York Times*, 7 mai 2003.

6. Jawaharlal Nehru, *The Discovery of India*, Asia Publishing House, 1961, p. 326 ; trad. fr. de Catherine Richard et Dominique Vitalyos, *La Découverte de l'Inde*, Arles, P. Picquier, 2002, p. 370. Pour une analyse, voir Noam Chomsky, *Towards a New Cold War*, New Press, 2003, p. 228.

7. Ministre de l'Intérieur de Woodrow Wilson, cité *in* Gordon Connell-Smith, *The Inter-American System*, Oxford University Press, 1966, p. 16.

8. Selig Harrison *et al.*, *Turning Point in Korea* [rapport du groupe de travail sur la politique américaine en Corée], Center for International Policy/The Center for East Asian Studies, Université de Chicago, 1er mars 2003.

9. Zbigniew Brzezinski, *The Grand Chessboard*, Basic Books, 1998, p. 40 ; trad. fr. de Michel Bessières et Michelle Herpe-Voslinsky, *Le Grand Échiquier. L'Amérique et le reste du monde*, Paris, Bayard, 1997, p. 68 (rééd., Hachette littératures, 2000).

10. Joseph A. Schumpeter, *Imperialism and Social Classes*, éd. Paul Sweezy, A.M. Kelly, 1951, p. 68 ; trad. fr. de Suzanne de Segonzac et Daniel Bresson, *Impérialisme et classes sociales*, Paris, Éd. de Minuit, coll. « Le Sens commun », 1972, p. 94-95 (rééd., Flammarion, coll. « Champs », 1984).

11. Éditorial, *Monthly Review*, vol. 54, nº 7, décembre 2002.

12. William A. Williams, *Empire as a Way of Life*, Oxford University Press, 1982.

13. Pour une analyse du contexte, voir Noam Chomsky, *Deterring Democracy*, éd. augmentée, Hill and Wang, 1992, p. 47-49.

14. Michael Ignatieff, *New York Times Magazine*, 5 janvier

2003. Voir aussi Ignatieff, *New York Times*, 28 juillet 2002 ; et Ignatieff, *Empire Lite*, Penguin, 2003 ; cf. Ignatieff, *Kaboul-Sarajevo : les nouvelles frontières de l'empire*, trad. fr. de Richard Robert, Paris, Éd. du Seuil, 2002.

15. John Stuart Mill, « A Few Words on Non-Intervention » [1859], *in* Mill, *Collected Works*, vol. 21, University of Toronto Press, 1984, p. 109-124.

16. Michael Ignatieff, *New York Times Magazine*, 7 septembre 2003. Voir aussi Noam Chomsky, *Rogue States*, South End Press, 2000 ; trad. fr. de Guy Ducornet, *Les États voyous*, *in* Noam Chomsky, Ramsey Clark et Edward W. Said, *La Loi du plus fort. Mise au pas des États voyous*, Paris, Le Serpent à Plumes, 2002.

17. Samuel Huntington, *Foreign Affairs*, vol. 78, n° 2, mars-avril 1999.

18. « Japan Envisions a "New Order" in Asia, 1938 », réimpr. *in* Dennis Merrill et Thomas G. Paterson (éd.), *Major Problems in American Foreign Relations*, 5e éd., t. II, Houghton Mifflin, 2000. Voir aussi Noam Chomsky, *American Power and the New Mandarins*, Pantheon, 1969 ; trad. fr. de Jean-Michel Jasienko, *L'Amérique et ses nouveaux mandarins*, Paris, Éd. du Seuil, 1969.

19. Antonio Gramsci, cité par Vincente Navarro, *The Politics of Health Policy*, Blackwell, 1994, p. 1.

4. Guerres d'agression

1. *The Fog of War*, réalisé par Errol Morris, Sony Pictures Classics, 2003 ; sorti en France au début de 2004 sous le titre *The Fog of War. Brume de guerre*.

2. Pour ce que dit Taylor des normes appliquées à Nuremberg, voir Telford Taylor, *Nuremberg and Vietnam*, Quandrangle, 1970, p. 37-38 ; et *id.*, *The Anatomy of the Nuremberg Trials*, Knopf, 1992, p. 398 *sq.* ; trad. fr. de Marie-France de Paloméra, *Procureur à Nuremberg*, Paris, Éd. du Seuil, 1995, p. 414 *sq.*

3. A. Frank Reel, *The Case of General Yamashita*, University of Chicago Press, 1949, p. 174.

4. G. John Ikenberry, *Foreign Affairs*, vol. 81, nº 5, septembre-octobre 2002.

5. Madeleine K. Albright, *Foreign Affairs*, vol. 82, nº 5, septembre-octobre 2003.

6. Henry A. Kissinger, *Chicago Tribune*, 11 août 2002.

7. George W. Bush, Remarques du président sur l'Irak, Cincinnati Museum Center, Cincinnati, Ohio, 7 octobre 2002.

8. Tim Weiner, *New York Times*, 9 mai 2005. Voir aussi analyse et références *in* Noam Chomsky, *Hegemony or Survival*, Owl Books, 2004, p. 86-87 ; trad. fr. de Paul Chemla, *Dominer le monde ou sauver la planète ?*, Paris, Fayard, 2004, rééd., 10/18, 2005, p. 120-123.

9. Duncan Campbell, *The Guardian* (Londres), 7 avril 2003. Catherine Wilson, Associated Press, 10 mars 2004.

10. Juan Forero, *New York Times*, 29 janvier 2004.

11. Julian Borger, *The Guardian* (Londres), 17 avril 2002. Rupert Cornwell, *The Independent* (Londres), 17 avril 2002. Katty Kay, *The Times* (Londres), 17 avril 2002.

12. Jason B. Johnson, *San Francisco Chronicle*, 24 janvier 2005. Daniel Grann, *Atlantic Monthly*, vol. 287, nº 6, juin 2001. Leslie Casmir, *Daily News*, New York, 14 décembre 2000.

13. Déclaration d'ouverture de Robert Jackson, 21 novembre 1945, in *Procès des grands criminels de guerre devant le Tribunal militaire international*, t. II, Tribunal militaire international, 1947.

14. Réquisitoire de Sir Hartley Shawcross, 4 décembre 1945, in *Procès des grands criminels de guerre devant le Tribunal militaire international*, t. II.

15. Taylor, *The Anatomy of the Nuremberg Trials* ; trad. fr. citée, *Procureur à Nuremberg*.

16. Pour une analyse plus approfondie, voir Noam Chomsky, *Fateful Triangle*, éd. revue, South End Press, 1999, chap. 5, 9.

17. Jacques Lanusse-Cazale et Lorna Chacon, Agence France-Presse, 3 novembre 2003.

18. Paul Lewis, *New York Times*, 24 décembre 1989 et 30 décembre 1989.

19. Pour une analyse plus approfondie, voir Noam Chomsky, *Deterring Democracy*, éd. augmentée, Hill and Wang, 1992.

20. Michael J. Glennon, *Foreign Affairs*, vol. 82, nº 3, mai-juin 2003 ; et *Foreign Affairs*, vol. 78, nº 3, mai-juin 1999.

21. Carsten Stahn, *American Journal of International Law*, vol. 97, nº 4, octobre 2003.

22. Voir, entre autres, Oxford Research International Poll, décembre 2003 ; Guy Dinmore, *Financial Times* (Londres), 11 septembre 2003 ; et Patrick E. Tyler, *New York Times*, 24 septembre 2003.

23. Walter Pincus, *Washington Post*, 12 novembre 2003.

24. William Stivers, *Supremacy and Oil*, Cornell University Press, 1982, p. 28-29, 34.

25. Thom Shanker et Eric Schmitt, *New York Times*, 20 avril 2003. Stephen Barr, *Washington Post*, 29 février 2004. Walter Pincus, *Washington Post*, 23 janvier 2004. John Burns et Thom Shanker, *New York Times*, 26 mars 2004.

26. Allan Beattie et Charles Clover, *Financial Times*, 22 septembre 2003. Jeff Madrick, *New York Times*, 2 octobre 2003. Thomas Crampton, *New York Times*, 14 octobre 2003.

27. Madrick, *New York Times*, 2 octobre 2003. George Anders et Susan Warren, *Wall Street Journal*, 19 janvier 2004.

28. Robert McNamara, *In Retrospect*, Times Books, 1995 ; trad. fr. de Paul Chemla, *Avec le recul*, Paris, Éd. du Seuil, 1996. Pour une analyse complète, voir Noam Chomsky, *Z*, juillet-août 1995.

29. Mohamed El-Baradei, *New York Times*, 12 février 2004.

30. Général Lee Butler, National Press Club, Washington, D.C., 2 février 1998.

31. *Ha'aretz* (éd. en hébreu), 10 février 2004.

32. Air Force Space Command, « Strategic Master Plan (SMP) FY04 and Beyond », 5 novembre 2002.

33. Voir William Arkin, *Los Angeles Times*, 14 juillet 2002 ; Julian Borger, *The Guardian* (Londres), 1er juillet 2003 ; et Michael Sniffen, *Associated Press*, 1er juillet 2003.

34. William J. Broad, *New York Times*, 1er mai 2000.

35. Scott Peterson, *Christian Science Monitor*, 6 mai 2004. David Pugliese, *Ottawa Citizen*, 11 janvier 2001.

36. Peter Schwartz et Doug Randall, *An Abrupt Climate Change Scenario and Its Implications for United States National*

Security, octobre 2003. Rapport commandé par le département de la Défense.

37. Robert Repetto et Jonathan Lash, *Foreign Policy*, nº 108, automne 1997.

38. John Vidal, *The Guardian* (Londres), 16 février 1996. Thomas Land, *Toronto Star*, 30 mars 1996. Voir aussi les rapports de l'International Panel on Climate Change (IPCC).

39. Hannah Arendt, *Eichmann in Jerusalem*, Penguin, 1994 ; trad. fr. d'Anne Guérin et Martine Leibovici, *Eichmann à Jérusalem*, Paris, Gallimard, 1966 ; rééd., coll. « Folio », 2002.

40. McGeorge Bundy, *Danger and Survival*, Random House, 1988, p. 326.

5. Histoire et mémoire

1. Frank Diaz Escalet, *Obispo Romero y los Martires-Jesuitas de El Salvador* [L'Évêque Romero et les martyrs jésuites du Salvador] (1995). Tableau original au musée de l'OEA (Organisation des États américains), Washington (D.C.).

2. Marjorie Hyer, *Washington Post*, 4 avril 1980.

3. Larry Rohter, *New York Times*, 10 septembre 1989.

4. Lindsey Gruson, *New York Times*, 17 novembre 1989. Les prêtres jésuites assassinés étaient Ignacio Ellacuria Beas Coechea, Ignacio Martin-Baro, Segundo Montes Mozo, Amando Lopez Quintana, Juan Ramon Moreno et Joaquin Lopez y Lopez. La cuisinière des jésuites, Julia Elba Ramos, et sa fille, Celina, ont aussi été tuées. Pour en savoir plus, voir Noam Chomsky, *Deterring Democracy*, éd. augmentée, Hill and Wang, 1992.

5. Carla Anne Robbins, *Wall Street Journal*, 27 avril 2004.

6. William Safire, *New York Times*, 22 avril 1985.

7. R.W. Apple, Jr., *New York Times*, 11 juin 2004.

8. Robert Pear, *New York Times*, 14 janvier 1989.

9. John M. Goshko, *Washington Post*, 26 octobre 1983.

10. Joanne Omang, *Washington Post*, 2 mai 1985. Pour le texte complet de ce décret présidentiel, voir *New York Times*, 2 mai 1985.

11. Lou Cannon et Joanne Omang, *Washington Post*, 4 mars 1986.

12. Transcription du discours du président Reagan, *New York Times*, 28 octobre 1983. Voir Stuart Taylor, Jr., *New York Times*, 6 novembre 1983, où sont reconnues certaines des nombreuses distorsions du dossier qui a justifié l'attaque de Grenade.

13. Francis X. Clines, *New York Times*, 13 décembre 1983.

14. Alan Pertman, *Boston Globe*, 15 juillet 1992.

15. Elisabeth Bumiller et Elizabeth Becker, *New York Times*, 8 juin 2004.

16. Elizabeth Becker, *New York Times*, 27 mai 2004.

17. Noam Chomsky, *At War with Asia*, Pantheon, 1970, rééd., AK Press, 2004, p. 223 ; trad. fr. de Martine Laroche, *Guerre en Asie*, Paris, Hachette, 1971, p. 277.

18. Christine Hauser, *New York Times*, 14 avril 2004.

19. Voir National Security Archive Electronic Briefing Book n° 4, en ligne à l'adresse : http://www.gwu.edu/~nsarchiv/NSAEBB/NSAEBB4/.

20. Peter Smith, *Talons of the Eagle*, Oxford University Press, 1996, p. 137.

21. Stephen Schlesinger et Stephen Kinzer, *Bitter Fruit*, éd. mise à jour, Harvard University Press, 1999.

22. Stephen Schlesinger, *The Nation*, vol. 265, n° 2, 14 juillet 1997.

23. Voir Piero Gleijeses, *Politics and Culture in Guatemala*, University of Michigan Press, 1988.

24. Peter Grier, *Christian Science Monitor*, 7 mai 1984. Douglass Farah, *Washington Post*, 11 mars 1999.

25. Tim Weiner, *New York Times*, 7 juin 1997.

26. Thomas McCann, *An American Company*, Crown, 1976, p. 47.

27. Eqbal Ahmad, *Terrorism : Theirs and Ours*, Seven Stories Press, 2002.

28. Werner Daum, *Harvard International Review*, vol. 23, n° 2, été 2001. Jonathan Belke, *Boston Globe*, 22 août 1999.

29. Eqbal Ahmad, *Confronting Empire*, South End Press, 2000, p. 135.

30. Jason Burke, *Al-Qaeda*, I.B. Tauris, 2004 ; trad. fr. de

Laurent Bury, *Al-Qaida. La véritable histoire de l'islam radical*, Paris, La Découverte, 2005.

31. Richard Clarke, *Against All Enemies*, The Free Press, 2004 ; trad. fr. de Jean Bonnefoy, Laurent Bury et Pierre Girard, *Contre tous les ennemis*, Paris, Albin Michel, 2004.

32. Burke, *Al-Qaeda*, *op. cit.*, p. 239 ; trad. fr., *Al-Qaida*, p. 311.

33. Barry Schweid, Associated Press, 11 juin 2004.

34. Max Boot, *Financial Times* (Londres), 17 juin 2004.

35. Sebastian Rotella, *Los Angeles Times*, 4 novembre 2002. Jimmy Burns et Mark Huband, *Financial Times* (Londres), 24 janvier 2003. Eric Lichtblau, *New York Times*, 25 janvier 2003. Marlise Simons, *New York Times*, 29 janvier 2003. Philip Shenon, *New York Times*, 4 mars 2003.

6. La doctrine des bonnes intentions

1. Philip Stephens, *Financial Times* (Londres), 19 novembre 2004.

2. Sam Allis, *Boston Globe*, 29 avril 2004.

3. David Ignatius, *Washington Post*, 2 novembre 2003.

4. Patrick E. Tyler, *New York Times*, 1er avril 2003. Dexter Filkins, *New York Times*, 1er avril 2003. Tyler Hicks et John F. Burns, *New York Times*, 3 avril 2003. Robert Collier, *San Francisco Chronicle*, 3 avril 2003.

5. Noam Chomsky, *Deterring Democracy*, éd. augmentée, Hill and Wang, 1992, p. VIII.

6. Clive Ponting, *Winston Churchill*, Sinclair-Stevenson Ltd., 1994, p. 132.

7. Noam Chomsky, *At War with Asia*, Pantheon, 1970, rééd., AK Press, 2004 ; trad. fr. de Martine Laroche, *Guerre en Asie*, Paris, Hachette, 1971.

8. John K. Fairbank, discours du président, assemblée annuelle de l'American Historical Association, New York, 29 décembre 1968, publié dans l'*American Historical Review*, vol. 74, nº 3, février 1969.

9. Voir Noam Chomsky et Edward S. Herman, *Manufacturing Consent*, 2e éd., Pantheon, 2002, p. 173 ; trad. fr. de Guy

Ducornet, *La Fabrique de l'opinion publique*, Paris, Le Serpent à plumes, 2003, p. 140.

10. John F. Burns, *New York Times*, 29 novembre 2004.

11. Bernard Fall, *Last Reflections on a War*, Doubleday, 1967 ; trad. fr. de Daniel Martin, *Dernières réflexions sur une guerre*, Paris, Laffont, 1968.

12. Howard Kurtz, *Reliable Sources*, CNN, 22 août 2004.

13. Richard A. Oppel, Jr., Robert F. Worth *et al.*, *New York Times*, 8 novembre 2004. Photographie de Shawn Baldwin.

14. Richard A. Oppel, Jr., *New York Times*, 8 novembre 2004.

15. Protocole additionnel aux conventions de Genève du 12 août 1949, relatif à la protection des victimes des conflits armés non internationaux, 8 juin 1977, partie III, « Blessés, malades et naufragés ». Voir aussi Dahr Jamail, « Iraqi Hospitals Ailing under Occupation », 21 juin 2005, en ligne à l'adresse http://dahrjamailiraq.com.

16. *War Crimes Act*, loi américaine de 1996 (18 U.S.C. 2441).

17. Les Roberts *et al.*, *The Lancet*, vol. 364, n° 9448, 20 novembre 2004. Voir aussi le commentaire de Richard Horton sur le rapport, *The Lancet*, vol. 364, n° 9448.

18. Patrick Wintour et Richard Norton-Taylor, *The Guardian* (Londres), 30 octobre 2004.

19. Sarah Boseley, *The Guardian* (Londres), 11 mars 2005. Rory McCarthy, *The Guardian* (Londres), 9 décembre 2004.

20. Justin Lewis, Sut Jhally et Michael Morgan, « The Gulf War : A Study of the Media, Public Opinion and Public Knowledge », Center for the Study of Communication, département de communication, Université du Massachusetts à Amherst, février 1991.

21. Hatfield Consultants (Vancouver), *Development of Impact Mitigation Strategies Related to the Use of Agent Orange Herbicide in the Aluoi Valley, Viet Nam*, 2000, et *Preliminary Assessment of Environmental Impacts Related to Spraying of Agent Orange Herbicide during the Viet Nam War*, 1998. Reuters, *Boston Globe*, 7 mars 2002. Associated Press, *Taipei Times*, août 2003.

22. Barbara Crossette, *New York Times*, 18 août 1992.

23. Doug Struck, *Washington Post*, 18 avril 2001. Colin

Joyce, *Daily Telegraph* (Londres), 21 avril 2001. David McNeill, *New Statesman*, 26 février 2001.

24. Rory McCarthy, *The Guardian* (Londres), 15 novembre 2004. Steve Negus, *Financial Times* (Londres), 12 novembre 2004.

25. Michael Janofsky, *New York Times*, 13 novembre 2004.

26. Eric Schmitt, *New York Times*, 17 novembre 2004.

27. Michael D. Sallah, Mitch Weiss et Joe Mahr, *Toledo Blade*, 22 octobre 2003-5 septembre 2004.

28. Bernard Fall, *Last Reflections on a War* ; trad. fr., *Dernières réflexions sur une guerre*, *op. cit.*

29. Chomsky, *At War with Asia* ; trad fr., *Guerre en Asie*, *op. cit.*

30. Noam Chomsky, *New York Review of Books*, vol. 13, n° 12, 1er janvier 1970, réimpr. *in* Chomsky, *At War with Asia* ; trad fr., *Guerre en Asie*, *op. cit.*

31. Voir *Manufacturing Consent*, de Mark Achbar et Peter Wintonick, Zeitgeist Films, 1993, et le livre d'accompagnement du même titre publié par Black Rose Books à Montréal en 1994.

32. Voir David Cortright, *Soldiers in Revolt*, éd. mise à jour, Haymarket Books, 2005.

33. Pour des analyses plus approfondies sur ce point, voir Noam Chomsky, *Understanding Power*, éd. Peter R. Mitchell et John Schoeffel, New Press, 2002, chap. 7, n. 57 ; trad. fr. de Thierry Vanès, *Comprendre le pouvoir*, Bruxelles, Aden, t. I, 2005, t. II, 2006, t. III, à paraître ; l'édition en français ne comprend pas les notes, plus volumineuses que le texte, mais on peut les lire et les télécharger en anglais sur le site de l'éditeur : http://www.aden.be.

34. Chicago Council on Foreign Relations, « American Public Opinion and Foreign Policy », *Global Views 2004* ; et sondages du Program on International Policy Attitudes (PIPA), Université du Maryland.

35. Bryan Bender, *Boston Globe*, 7 octobre 2004. Demetri Sevastopulo, *Financial Times* (Londres), 27 avril 2005.

36. PIPA, « Bush Supporters Still Believe Iraq Had WMD or Major Program, Supported al Qaeda », 21 octobre 2004. Howard LaFranchi, *Christian Science Monitor*, 22 octobre 2004. Bob Herbert, *New York Times*, 10 septembre 2004.

Robert P. Laurence, *San Diego Union Tribune*, 14 octobre 2003.

37. Chicago Council on Foreign Relations, *Global Views 2004*, p. 14.

38. Gardiner Harris, *New York Times*, 31 octobre 2004.

39. Fareed Zakaria, *Newsweek*, 11 octobre 2004.

7. AUTODÉFENSE INTELLECTUELLE

1. *BBC World News*, 3 décembre 2004.

2. Thomas E. Ricks, *Washington Post*, 9 mai 2004.

3. PIPA/Knowledge Networks Poll, communiqué de presse, 3 décembre 2003 ; et d'autres sondages PIPA.

4. Edmund L. Andrews, *New York Times*, 3 décembre 2004.

5. Adam Smith, *An Inquiry into the Nature and Causes of the Wealth of Nations* (1776), University of Chicago Press, 1996, livre IV, chap. 2 ; trad. fr. de Germain Garnier revue par Adolphe Blanqui, *Recherches sur la nature et les causes de la richesse des nations*, Paris, Flammarion, coll. « Garnier-Flammarion », 1991, t. II, p. 39 *sq.*

6. David Ricardo, *The Principles of Political Economy and Taxation*, Dover, 2004, p. 83-84 ; trad. fr. de Cécile Soudan, Bernard Delmas, Thierry Demals, François-Régis Mahieu, Henri Philipson et Franck Vandevelde, *Des principes de l'économie politique et de l'impôt*, Paris, Flammarion, coll. « Garnier-Flammarion », 1993, p. 155-156.

7. Lord Hutton, « Report of the Inquiry into the Circumstances Surrounding the Death of Dr. David Kelly C.M.G. », 28 janvier 2004.

8. Noam Chomsky, *Necessary Illusions*, South End Press, 1989, p. VIII.

9. David Hume, *Of the First Principles of Government*, Longmanns, Green, and Company, 1882, chap. 1 ; trad. fr. anonyme de 1752, *Les Premiers Principes du gouvernement*, p. 3 [téléchargeable à l'adresse http://www.uqac.uquebec.ca/zone30/Classiques_des_sciences_sociales].

10. *KidsPost*, *Washington Post*, 12 novembre 2004.

11. Voir Howard Zinn, *SNCC*, éd. mise à jour, South End Press, 2002 ; et *id.*, *You Can't Be Neutral on a Moving Train*, éd. mise à jour, Beacon, 2002.

12. Ralph Atkins *et al.*, *Financial Times*, 22 novembre 2004.

13. Pour les détails, voir Roger Morris, *New York Times*, 14 mars 2003 ; et Saïd K. Aburish, *Saddam Hussein*, Bloomsbury, 2000 ; trad. fr. de Béatrice de Boisanger, Hélène Demazure et Muriel Gilbert, *Le Vrai Saddam Hussein*, Paris, Éd. Saint-Simon, 2003.

14. Reginald Dale, *Financial Times*, 1er mars 1982. Voir aussi Reginald Dale, *Financial Times*, 28 novembre 1984.

15. Thomas L. Friedman, *New York Times*, 14 mai 2003.

16. Voir Anthony Arnove (éd.), *Iraq under Siege*, 2e éd., South End Press, 2002 ; trad. fr. de Paul Delifer, *L'Irak assiégé, les conséquences mortelles de la guerre et des sanctions*, *op. cit.* ; et John Mueller et Karl Mueller, *Foreign Affairs*, vol. 78, no 3, mai-juin 1999.

17. Les Roberts *et al.*, *The Lancet*, vol. 364, no 9448, 20 novembre 2004. Voir aussi le commentaire de Richard Horton sur le rapport, *The Lancet*, vol. 364, no 9448.

18. H. Bruce Franklin, *War Stars*, Oxford University Press, 1988.

19. Lyndon Johnson, *Congressional Record*, 15 mars 1948, Chambre des représentants, LXXXe Congrès, 2e session, vol. 94, partie II, Government Printing Office, 1948, p. 2883.

20. Lyndon Johnson, « Remarks to American and Korean Servicemen at Camp Stanley, Korea, 1 november 1966 », *Public Papers of the Presidents, 1966*, livre II, Government Printing Office, 1967, p. 253.

21. Noam Chomsky, *Hegemony or Survival*, Owl Books, 2004, p. 1-2, 236-237 ; trad. fr. de Paul Chemla, *Dominer le monde ou sauver la planète ?*, Paris, Fayard, 2004, rééd., 10/18, 2005, p. 7-8, 325-326.

22. John Steinbruner et Nancy Gallagher, *Daedalus*, vol. 133, no 3, été 2004.

8. DÉMOCRATIE ET ÉDUCATION

1. David Barsamian et Noam Chomsky, *Propaganda and the Public Mind*, South End Press, 2001, p. 19 ; trad. fr. de Guillaume Villeneuve, *De la propagande : entretiens avec David Barsamian*, Paris, Fayard, 2002, rééd., 10/18, 2003, p. 45.
2. Jeffrey Dubner, *The American Prospect*, avril 2005.
3. Kathy Lynn Gray, *Columbus Dispatch*, 27 janvier 2005, qui cite le sénateur républicain de l'Ohio Larry A. Mumper.

9. UN AUTRE MONDE EST POSSIBLE

1. John Lewis Gaddis, *Surprise, Security, and the American Experience*, Harvard University Press, 2004. John Quincy Adams, lettre à George Erving, 29 novembre 1818, *in* Worthington Chauncey Ford (éd.), *Writings of John Quincy Adams*, Macmillan, 1916, p. 483.
2. Joy Olson et Adam Isacson, *Just the Facts*, Latin America Working Group, 1998-2001.
3. Raymond Hernandez et Al Baker, *New York Times*, 9 janvier 2005. Mike Allen et Peter Baker, *Washington Post*, 7 février 2005.
4. Steffie Woolhandler, Terry Campbell et David U. Himmelstein, *International Journal of Health Services*, vol. 34, nº 1, 2004 ; et David U. Himmelstein, Steffie Woolhandler et Sidney M. Wolfe, *International Journal of Health Services*, vol. 34, nº 1, 2004.
5. Voir, entre autres, le sondage National Public Radio/Kaiser/Kennedy School, 5 juin 2002.
6. David K. Shipler, *Los Angeles Times*, 6 mars 2005.
7. Stephen Barr, *Washington Post*, 30 octobre 2003.

Table des matières

Impression réalisée sur Presse Offset par

CPI
Brodard & Taupin

La Flèche (Sarthe), 43103
N° d'édition : 3986
Dépôt légal : septembre 2007

Imprimé en France